PAUL MEUNIER

NEVERS

HISTORIQUE ET PITTORESQUE

GUIDE A L'USAGE DU TOURISTE

AVEC PLANS DE LA VILLE

ET REPRODUCTION DES PRINCIPAUX MONUMENTS

NEVERS

IMPRIMERIE MAZERON FRÈRES

—

1892

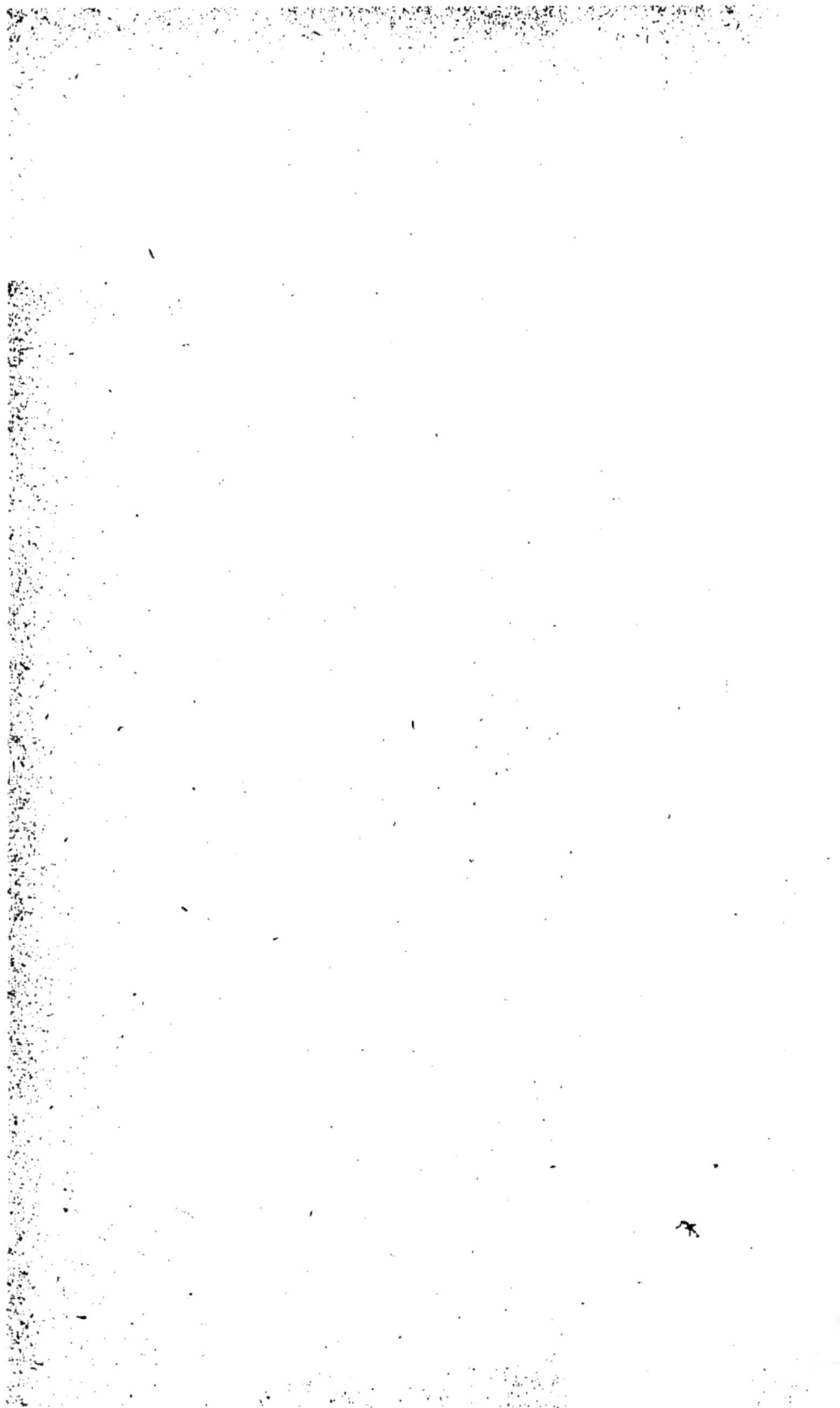

NEVERS

HISTORIQUE ET PITTORESQUE

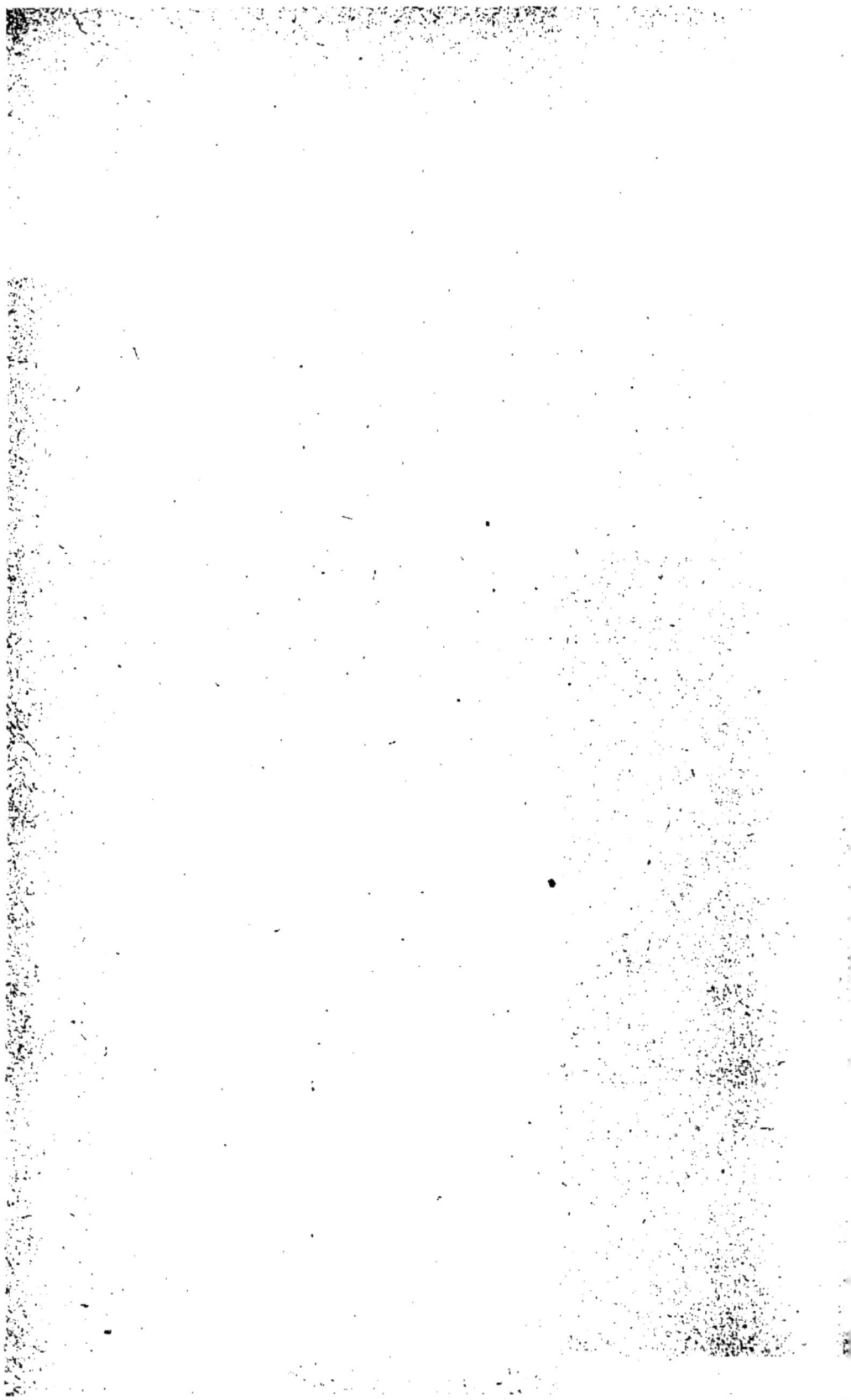

PLAN
DE
NEVERS

MAZERON FRÈRES
Éditeurs

LÉGENDE.

Abattoir 1
Anc.ᵉ Église des Minimes 3
Arc de Triomphe 3
Banque de France 4
Buffet 5
Cathédrale (St Cyr) 6
Chapelle de la Visitation 7
Cavalière 8
Couvent St Gildard 9
École norm.ᵉ de demoiselles 10
Église de l'Oratoire 11
— St Étienne 12
— St Pierre 13
Évêché 14
Faïencerie Artistique 14,16,17
Gendarmerie 18
Grand Séminaire 19
Halle 20
Hospice général 21
Hôtel de Ville (Bibl.ᵗᵉ et Musée) 22
Lycée 23
Manuf.ᵗ de Porcelaines 24
Maison d'Adam Billault 25
Marché St Arigle 26
Palais de Justice 27
Porte du Croux (Musée lapidaire) 28
Poste et Télégraphe 29
Préfecture 30
Prison 31
Subdivision militaire 32
Subsistances milit.ʳᵉˢ (Anc.ᵉˢ Pénderies) 33
Théâtre 34
Tour Goguin 35
Tour St Éloi 36
Trésorerie générale 37

Échelle.

PAUL MEUNIER

NEVERS

HISTORIQUE ET PITTORESQUE

GUIDE A L'USAGE DU TOURISTE

AVEC PLANS DE LA VILLE

ET REPRODUCTION DES PRINCIPAUX MONUMENTS

NEVERS

IMPRIMERIE MAZERON FRÈRES

1892

Vue de Nevers

AVANT-PROPOS

NEVERS
ancienne capitale du duché de Nivernais et chef-lieu du département de la Nièvre.

Mesdames et Messieurs, ce sera, nous l'espérons, sans fatigue, que vous suivrez votre guide dans la ville de Nevers. Nous savons que vous ne voulez pas de recherches pénibles. Nous éviterons donc de nous perdre avec vous dans les ténèbres de ces temps où nos ancêtres vivaient au milieu des forêts Éduennes. Vous savez que les Gaulois habitaient sous des huttes rondes bâties dans des clairières ou sur des plateaux à l'abri de remparts dont le mont Beuvray nous offre encore quelques vestiges. Vous n'ignorez pas que ces Gaulois se chamaillaient déjà sans trève, comme des Français de nos jours, quand le chauve César vint les mettre si dûrement à la raison. Nevers remonte à la Gaule indépendante; c'est une vraie fille du sol gaulois. Nous ne nous ensevelirons pas non plus dans l'obscurité du moyen-âge, plein d'horreurs

de toutes sortes. Cette histoire du moyen-âge
est comme un sphinx dont les yeux sont si
ternes que nous ne sommes pas de force à y
lire. Il faut passer vite à travers ce passé
confus et compliqué, car l'histoire de cette
époque est pleine d'enchevêtrements féodaux
et de légendes dans lesquels on risque par
trop de s'embrouiller. Nous vous dirons
seulement que Nevers fut transmis par une
série curieuse de mariages et de successions
à beaucoup de maisons souveraines, et qu'en
définitive son histoire est faite, au moyen âge,
de démêlés sanglants de ses comtes avec
d'autres seigneurs aussi belliqueux; que
Nevers, ne put éviter des famines, des incen-
dies, des pestes successives, ni les ravages
exercés par des aventuriers de toutes origines,
lansquenets et *mauvais garçons*.

Distrait de la Bourgogne, le Nivernais fut
gouverné d'abord par des comtes amovibles,
Guérin, comte de Macon, Girard de Roussillon,
Robert-le-Fort (865); il devint héréditaire sous
Otton Guillaume, à titre de comté en 987 puis,
à titre de duché en 1538; il passa de la maison
de Nevers à celle de Courtenay, de Donzy, de
Forez, de Châtillon, de Bourgogne, de France,
de Flandre, de France Bourgogne, d'Albret,
de Clèves, de Gonzague, de Mazarin, de Mancini. Comme figures de personnages d'élite
appartenant aux familles suzeraines, on ne
voit éclatantes de clarté que celles des princesses des maisons de Clèves et de Gonzague.

Il est vrai que ces figures sont admirables. De
même que le château des ducs fut paré de
toutes les élégances de l'architecture, de
même ces princesses furent les types accom-
plis, quant à la beauté, à l'esprit et au caractère, des femmes du temps. Aventures, galan-
teries, tous les côtés séduisants de leur esprit
et leurs charmes extraordinaires sont rehaus-
sés par les vers des poëtes. Leurs noms
entrelacés doivent, comme une couronne, être
placés au frontispice de l'histoire de Nevers.
Leur vie, c'est tout le roman de la Ligue et de
la Fronde. Et cependant, par un manque
absolu de galanterie, Nevers ne possède
aucune œuvre d'art qui rappelle leurs traits.
L'histoire, par la bouche du plus modeste des
guides, ne sera pas oublieuse, mais il faut
constater que ni peintres, ni sculpteurs n'ont
rien fait à Nevers pour ces princesses, qui
furent cependant des modèles de beauté. Il
faut dire aussi qu'une autre physionomie,
tout à fait remarquable, est celle de ce duc
de Nivernais, dernier grand seigneur féodal
de France, qui réunit en lui toutes les allures,
toute l'indépendance d'esprit, toutes les grâces
du XVIIIᵉ siècle, et qui, philosophiquement
et sans étonnement, accepte de vivre au
milieu de mœurs démocratiques, au risque
de devenir victime des dénonciations du
nivernais Chaumette.

Aucun événement éclatant ni de haute
portée n'eut jamais lieu à Nevers. Même suc-

cession de misères, de fondations pieuses,
d'élans vers la civilisation, d'ères courtes de
joie et d'espérance et de retours subits à la
barbarie que dans les autres villes, mais le
propre de Nevers est que cette ville, comme
épouvantée par les clameurs trop souvent
rapprochées de la guerre et le bruit de vio-
lences voisines, concentra son existence,
toutes les fois qu'il lui fut possible, dans le
travail et dans la paix.

Nous ne négligerons pas l'examen du gouvernement et des institutions du Nivernais,
qui permet de saisir la mesure de toute l'originalité de son passé.

Les nombreux suzerains qui ont gouverné
le Nivernais étaient bien, à la vérité, alliés aux
maisons françaises, mais tous, à l'exception
des premiers comtes, étaient d'origine étrangère. S'ils ont laissé comme un grand souvenir d'eux, le château ducal, ils l'ont peu
habité. Ils étaient sans cesse en voyage, à la
guerre, en ambassade ou à la cour et partant,
aucun lien d'affection n'exista jamais entre
les habitants de Nevers et leurs suzerains. C'est
à l'abandon dans lequel Nevers fut laissée en
dernier lieu par les Mancini, qu'il faut attri-
buer l'état de délabrement auquel étaient
réduits, à la fin du siècle dernier, tous les
monuments.

Remarquons aussi que la capitale de la
province, une des plus anciennes villes municipales de France, est toujours restée fidèle au

roi, n'a jamais été dans la main des Anglais, maîtres de Saint-Pierre et de La Charité, et demeura catholique, malgré le voisinage des villes protestantes, Sancerre, La Charité, Corbigny.

Enfin, le Nivernais est le seul pays de France qui, par une singularité trop peu remarquée, n'a jamais fait retour à la couronne. C'est la seule province qui, jusqu'à la Révolution, conserva son individualité intacte, si bien que le dernier Duc de Nivernais, Mancini Mazarini, n'était en 1789, le vassal de personne, et ne devait hommage à aucun souverain. Le dernier représentant du régime féodal était bien le sujet et le courtisan du Roi, mais était suzerain.

Ce ne sont donc pas des choses banales qu'évoquent les souvenirs des institutions particulières du Nivernais; que rappellent cette carcasse de bâtiment où siégeait le baillage ducal, ainsi que cette maison où les membres de la chambre des comptes du Duché, créé en 1404, se réunissaient encore en 1789.

Sans cesse, au cours d'une étude sur Nevers, il faut retenir ce fait, qui donne au passé de cette ville un relief sans pareil, que l'administration du Nivernais était, en 1789, chose unique en France. Je veux bien que, sous la pompe des mots, on cachait alors, la décadence d'une vieille institution féodale. Cependant le baillage ducal, en lutte de com-

pétence avec le baillage royal de Saint-Pierre-
le-Moûtier, n'a-t-il pas conservé, jusqu'au
bout de l'ancien régime, ce privilége considérable de convoquer les assemblées électorales
pour la réunion des États généraux?

Nevers est de la sorte le cadre le mieux
choisi pour rendre sensible le changement
complet, radical, absolu qui s'est brusque-
ment accompli sous la Révolution. Il semble
donc intéressant de reconstituer la physionomie de Nevers à cette époque. Car c'est
un besoin qui s'est récemment fait sentir,
l'envie d'apprendre ce qu'a été la Révolution
en province. Lors du Centenaire, il y a eu
une sorte de halte : on s'est retourné vers le
passé ; on a voulu connaître l'inventaire de
l'ancien régime dressé au moment où ceux
qui héritaient du pouvoir, pressés de jouir,
allaient bouleverser les choses de la succession. Les portes de toutes les archives de la
fin du XVIIIᵉ siècle se sont ouvertes à la fois
aux chercheurs. C'est comme une liquidation
qu'on a entrepris de faire et à laquelle tout
le monde s'intéresse. L'attrait des événements
révolutionnaires vient de ce que ces événements sont éloignés et près de nous, en
même temps. Les faits sont lointains par
suite du contraste absolu de l'ancien régime
avec l'état de choses nouveau ; ces faits sont
rapprochés cependant si l'on considère l'espace restreint du temps écoulé depuis 1789.
C'est que l'abîme qui sépare deux états de

choses aussi différents, une fois franchi, a été bien vite élargi par l'oubli. Le saut révolutionnaire avait été fait depuis peu d'années et déjà les objets quittés étaient dans le lointain.

Nous croyons répondre au goût de nos lecteurs pour les choses de la Révolution, en plaçant un certain nombre de petits détails locaux autour de ce grand événement.

Depuis la Révolution, l'histoire de Nevers est celle toute simple de l'accroissement continu d'une ville dans le sens et le goût modernes.

Les changements de gouvernement dont le XIXᵉ siècle a été trop souvent témoin n'ont donné lieu, pour Nevers, à aucun fait qui mérite d'être signalé. Nous dirons ce que la centralisation et les besoins de la vie moderne ont fait de cette vieille capitale du Duché de Nivernais et de quels éléments se compose sa vie actuelle : elle est aujourd'hui en train d'acquérir toutes les choses d'utilité et d'agrément ordinaires et de chaque jour, qui font les villes bien conditionnées.

L'examen des deux plans reproduits dans ce guide aidera à donner une idée de la transformation de Nevers depuis un siècle.

C'est, aujourd'hui, le chef-lieu du département de la Nièvre, département qui a été formé d'une partie du Gâtinais-Orléanais et de l'ancienne province du Nivernais, moins quelques portions de ce dernier territoire comprises dans la circonscription des départements limitrophes, Yonne, Saône-et-Loire, Allier, Cher.

Nevers se trouve sur la ligne du chemin de fer P. L. M., à 234 kilomètres sud-sud-est de Paris par le chemin de fer, et à 215 kilomètres seulement en ligne droite. De Nevers part la ligne conduisant à Chagny, avec embranchement sur Clamecy par Cercy-la-Tour, ainsi que la ligne de Nevers à La Roche, par Clamecy. Nevers est mis en communication presque immédiate avec la ligne d'Orléans par Saincaize. Le canal latéral à la Loire qui a été créé pour atténuer les difficultés que présente la navigation de la Loire et assurer le transport des marchandises que l'on dirige de la Haute-Loire sur Paris est relié à Nevers par un embranchement. Nevers était jadis un port important de la Loire, un lieu de halte pour les voyageurs suivant le grand chemin de Paris à Lyon, une ville où de nombreuses faïenceries et les verreries occupaient beaucoup d'ouvriers, qui comptait environ huit mille habitants au XVIIIe siècle. — Aujourd'hui, Nevers ne possède plus que deux fabriques de faïence et point de verreries, mais ses marchés, ses foires, des industries d'origine récente en font un centre agricole, industriel et commercial important; d'après le dernier recensement sa population est pour la population municipale de 23,716 habitants, pour la population composée de

militaires, élèves des pensionnats, sémina-
ristes de 2,743 habitants. L'accroissement de
la population depuis 1886 est de 1,453 habitants.

Afin de répondre à votre curiosité, Mesdames et Messieurs, nous ferons nos efforts
pour n'omettre aucun point digne de remarque et propre à flatter vos goûts historiques
et archéologiques. Nous ferons notre possible
aussi pour exciter, à l'occasion, votre intérêt,
par les contrastes de la vie d'une ville de province, aujourd'hui et au temps jadis, et par
la révélation des misérables conditions dans
lesquelles se traînait, dans des rues étroites
et sales, l'existence de nos aïeux, mêlées,
cependant de fêtes pittoresques, d'agapes
familières où ne manquaient ni bons vins, ni
gais propos. Aussi bien, quand même vous
n'auriez pas le loisir de nous suivre dans
l'étude du labeur incessant qui est parvenu à
transformer tout ce qui nous entoure, comme
Nevers, alors que le costume, les moyens de
transport, les métiers, l'administration de la
cité, l'art de bâtir, les croyances, les conve-
nances et jusqu'à un certain point la morale
ont changé, a conservé son assiette naturelle
et son paysage gracieux, vous conviendrez
que cette ville, au moins sous ce rapport,
mérite d'être vue puisqu'elle st pittoresque
et originale.

_____

Château Ducal (Nevers)

MONUMENTS ANCIENS

CIVILS, RELIGIEUX, MILITAIRES

Le Château ducal *(Monument historique)*

La date de la construction de cet édifice est controversée. On a chance de ne pas s'écarter beaucoup de la vérité, en la faisant remonter au XVI⁰ siècle. On remarque, en effet, dans l'architecture du Château la symétrie de la Renaissance combinée avec les hardiesses gothiques. Pour la simplicité et la grandeur, l'harmonie des lignes, la grâce de sa décoration emblématique, la sobriété des figures d'ornement, ce monument est sans pareil.

L'attention se porte d'abord, dans un examen des détails, sur les armoiries. Ces armoiries sont composées des bâtons noueux réunis en forme d'O de Jean de Clamecy, du Cygne à chaîne d'or des Clèves, du mont Olympe des Gonzague. Les devises qui accompagnent les sculptures appartiennent toutes aux Gonzague. Elles portent la marque forte et poétique de la Renaissance et de l'esprit italien : *Nec retrogradior, nec devio.* « Je ne rétrograde ni ne dévie » ; *Olumpos, Fides ;* ce vers de Virgile : *Igneus est ollis vigor et celestis origo.* « Ils ont une force de flamme et une origine céleste. »

Les bas-reliefs appartiennent à la maison
de Clèves. Trois sont consacrés à la chasse de
saint Hubert. Les détails sont moins riches
que ceux du château d'Amboise consacrés au
même saint, mais ici, l'alliance du goût et de
la piété est parfaite. Les autres bas-reliefs
racontent l'histoire du chevalier du Cygne,
Hélias. Cette légende, qui met tant de grâce
sur l'origine de la famille des Clèves, légende
pleine de poésie allemande, en même temps
qu'elle fait penser aux aventures chantées
par l'Arioste, renferme évidemment quelque
allégorie arrangée par un savant. Quoi qu'il
en soit, voici ce que raconte Vincent de Beau-
vais, qui s'en rapporte à un ancien auteur du
nom d'Hélinandus, et cette citation suffit pour
expliquer les bas-reliefs :

« Un jour que des Seigneurs étaient ras-
semblés pour un tournoi, dans un château
des bords du Rhin, au diocèse de Cologne, on
vit paraître sur le fleuve une nacelle qu'un
cygne tirait par le col avec une chaîne d'argent
et dans laquelle était un chevalier inconnu,
armé de toutes pièces. La nacelle aborda et
disparut avec le cygne aussitôt que le chevalier fut descendu sur la rive. Cependant, le
chevalier ayant accompli de grands et non
pareils faits d'armes, demanda et obtint en
mariage une fille de grande maison dont il
eut plusieurs enfants. Au bout de quelques
années, le cygne et la nacelle s'étant pré-
sentés, le chevalier, qu'on appelait Hélias, y

ΟΛΥΜΠΟΣ

NEC RETROGRADIOR, NEC DEVIO

F. BARILLET

Armoiries des Maisons suzeraines

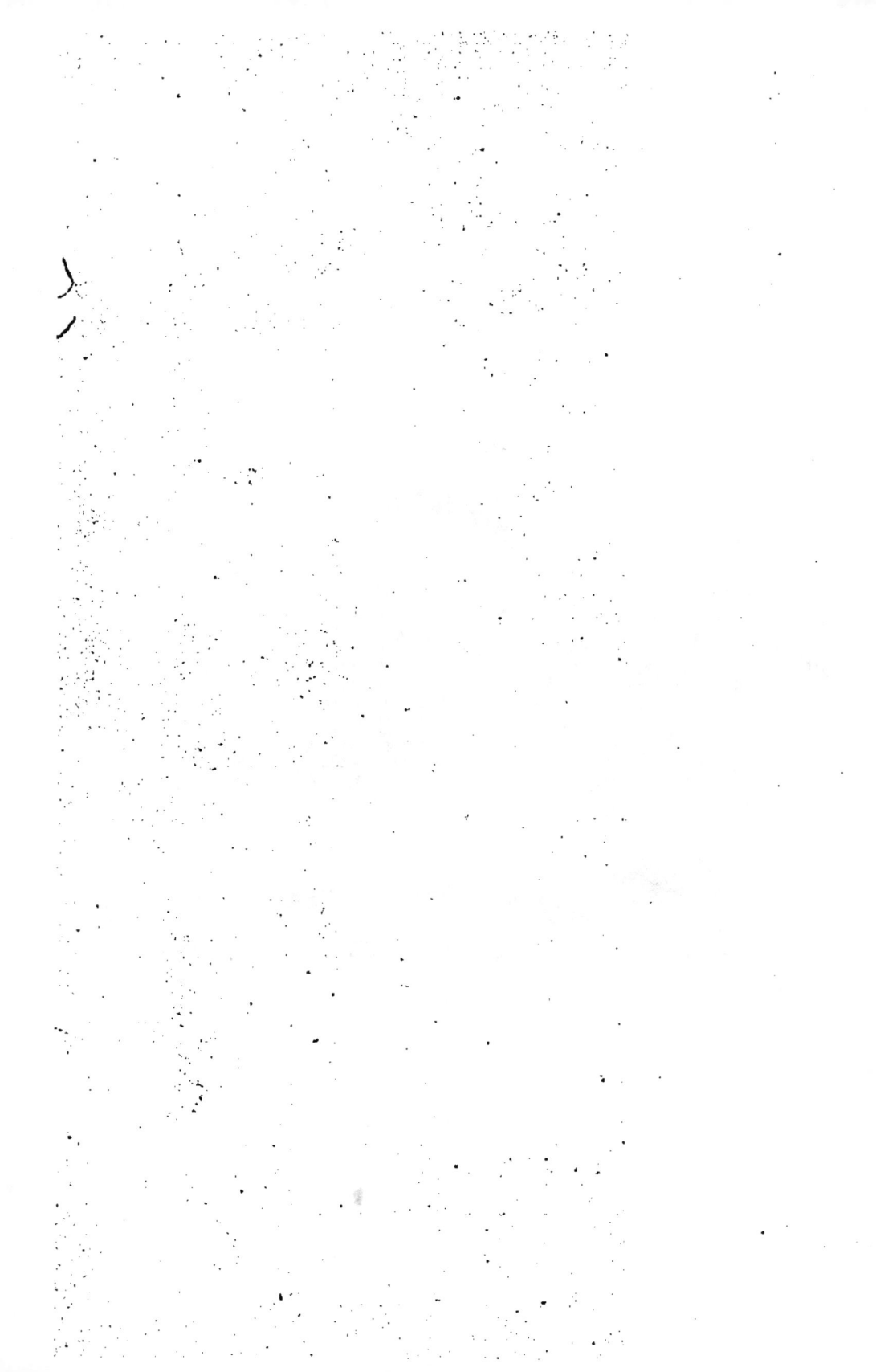

y remonta et s'éloigna rapidement; depuis on n'en entendit plus parler. »

Cette allégorie n'est pas une création de l'esprit français qui est fait de clarté; elle a été traduite en musique et a servi de thême au poëme de Lohengrin.

Un armorial du XVIIe siècle fait descendre la maison de Clèves de Marcus Curtius, qui se dévoua pour la République romaine; mais les ornements du palais ducal rappellent seulement le souvenir du chevalier Hélias. La maison de Clèves prit un cygne pour support de ses armes et pour l'un de ses emblêmes. Lors de l'entrée du duc François, à Nevers, la ville lui fit présent « d'un cygne d'argent, ayant au col une couronne dorée où étaient ses armoiries. Ce cygne tirait avec une chaîne d'or un navire d'argent sur lequel était un chevalier aussi d'argent. » Nous reproduisons les armoiries de cette maison, surmontées de l'Olympe, entourées du grand cordon de Saint-Michel, et ayant pour tenants le cygne d'argent qui est Clèves, et l'aigle de sable qui est Mantoue.

C'est dans le vieux château de Pierre de Courtenay, dont les ruines ont été indiquées par de graves archéologues comme visibles encore en partie derrière la mairie, près du château ducal, qu'il a plu à Gilbert de Montreuil, trouvère du XIIIe siècle, de placer plusieurs scènes du roman de *la Violette* ou de *Gérard de Nevers*. Ce roman fut populaire à Nevers, grâce à MM. Franconi, qui s'emparèrent de ce sujet au commencement du siècle. Aujourd'hui, après le succès de *Grisélidis* à la Comédie française, cette gentille histoire de Gérard et d'Euriant n'aurait-elle pas aussi son attrait ? La morale en est contenue dans ces plaintes du héros : « Celui qui se tient trop asseuré dans ses amours doit pour fol être tenu ; bien plus fol encore est celuy qui ose sa mye éprouver. Bien devais-je laisser la mienne en paix ; las ! qu'ai-je fait quand par malengin ai-je mis la mienne à l'essaye ? »

L'existence de Gérard est évidemment fausse, mais comme jeu d'aventures, ce roman de *la Violette* en vaut bien d'autres, et il peut passer pour intéressant dans un genre ou peu de chose suffit pour paraître piquant, quand le langage de l'auteur, délicieusement vieux, a toute la naïveté gauloise du temps.

Vous voudrez donc savoir : « que Liziart, comte de Forest, fist devant le roy Loys le Gros, qui fut roi de France, la gaigure que avant ce que vingt jours soient passés, il ferayt de la mye de Gérard, laquelle avait nom Euriant et était la plus loyalle en amours envers son ami qui oncques fut née, tout son vouloir, sans en avoir refus ni escondire. »

Comment Liziart, parti de Prémery déguisé en pèlerin vint à Nevers « droit à l'heure où la belle Euriant revenait du moustier (l'église) et

la rencontra devant le chastel de Nevers qui
alors estait assez près de l'église ; »

Comment la vieille bonne d'Euriant « moult
laide et raffrognée, qui estait de La Charité-
sur-Loyre, indiqua à Liziart un indice certain
à donner sur Euriant ; »

Comment pour découvrir cet indice la
vieille « fist ung pertuis en la paroy de la
chambre d'Euriant afin que Liziart vist l'enseigne que avait la belle Euriant sur la dextre
mamelle ; une enseigne moult gente, en sem-
blant *d'une violette*, sur sa chair blanche ; »

Comment « la belle vint en court et comment Liziart luy mist sus qu'il avait eu son
plaisir d'elle, grâce à la connaissance qu'il
avait de l'enseigne moulte gente ; »

Comment Gérard « se partit alors de la
court moult courroucé et sa mye Euriant avec
lui ; puis voulait lui tranchier le chief en la
forêt d'Orléans, quand un serpent queulle
bée vint vers luy hettant une flamme moulte
horrible et puant ; » comment Euriant, n'é-
coutant qus son amour s'écria « ha, sire, si
tost ne vous gardez et que de cy ne vous
fuyez, impossible vous est que ne soyez
dévorez, quant est de moy, puisque mourir
me convient, ne chault, soit par vous ou par
la beste être dévorée, car je vois bien que
aultre manière ne puis eschapper ; »

Comment Gérard « tua le grand serpent et se
mit à genoux remerciant Notre Seigneur de la
grâce que luy avait faicte, puis, laissant

Euriant sans luy autre mal faire, et ne pouvant, malgré son amour, lui pardonner son meffait, l'abandonna en la garde de Notre Seigneur; »

Comment le duc de Mex (Metz) « arriva dans la forêt où il trouva la belle Euriant moult dolente et l'emmena, » comment, d'autre part, Gérard « vint en ung village qu'alors on nommait La Marche, en l'hôtel d'un jongleur qu'il connaissait puis « la vielle du jongleur au col » vint à Nevers où il apprit comment la vieille avait trahi sa mye Euriant; » comment alors, « pensif et triste, chevauchant par plusieurs contrées, il arriva en un châtel en Ardene; »

Comment il fut féru de l'amour d'Euglentine, après avoir « bu la poison qu'une vieille avait faite pour le décevoir », mais la délaissa pour « aller quérir sa vraye amie lorsque son espervier lui rapporta l'annelet d'or qu'il avait donné à Euriant et que celle-ci avait perdu; » comment, après maints exploits, il prouva l'innocence d'Euriant qu'il retrouva à Metz; appela en champ et déconfit Liziart, « puis recouvra sa comté de Nevers et reçut en don du roi Loys le Gros la comté de Forest; »

Comment enfin, de retour à Nevers, Gérard « prit à mariage Euriant sa mye et comment la vieille Gondrée fut arse. »

Mais laissons les romans pour l'histoire qui, pour être moins merveilleuse ici, charme pourtant comme un roman. Afin que le sens d'un monument n'échappe pas, il faut, appelant à son aide l'histoire, avoir la vision distincte des personnages qui l'ont construit et habité, habiller ces personnages et parler, pour un instant, la langue qu'on parlait autour d'eux. On parvient de la sorte à posséder l'esprit du passé. Ici, l'on est servi à souhait pour le choix des personnages à ressusciter : esprit, beauté, courage, tout chez les anciens maîtres du château se trouve en harmonie avec la pureté du goût, l'esprit d'aventures et l'inspiration poétique de la Renaissance. Princes et princesses de Nevers, ni en avance ni en retard sur leur temps, étaient de toutes pièces des gens de leur époque.

D'ailleurs, comme à toutes les pages, il faudra parler d'eux, disons ici, d'un trait, à propos des derniers suzerains de Nevers, ce que nous savons de leur histoire.

Louis XII avait mis fin à la lutte qu'Engilbert, fils de Jean de Clèves et d'Elisabeth de Bourgogne, eut avec Jean d'Albret, qui lui disputait le Nivernais, en mariant Charles de Clèves, fils aîné d'Engilbert, avec Marie d'Albret, fille aînée du sire d'Orval.

Charles de Clèves qui succéda à Engilbert, son père, fut arrêté par les ordres de François Ier et mourut au Louvre où il était emprisonné *pour des écarts de jeunesse*. Son fils, François, n'était alors âgé que de cinq ans. Sa mère eut donc le gouvernement du Nivernais ; elle en profita pour y faire des institutions louables et présider à la rédaction définitive des anciennes Coutumes du pays.

Elle n'avait pu se consoler de la perte de son mari et traduisit ainsi sa douleur :

> Celui qui le premier ma franchise dompta,
> Mes pudiques amours en mourant emporta ;
> Celui-là pour jamais au tombeau qui l'enserre,
> Les ait et les conserve, avec luy, sous la terre.

L'existence de cette princesse fut une preuve que la vertu n'était pas interdite aux femmes de son rang.

Elle se consacra tout entière à l'éducation de son fils, en faveur duquel le roi érigea le comté de Nevers en Duché-Pairie.

On raconte qu'elle était d'une humeur gaie et railleuse : C'est elle qui fit d'immenses tapisseries dans lesquelles, ayant à se plaindre de Messieurs du Chapitre, elle les représenta sous les traits des bourreaux de saint Cyr et de sainte Julitte. Destiné à la cathédrale, ce cadeau de l'espiègle princesse ne fut pas refusé. Du reste, n'était-ce pas au temps où des catholiques, fervents comme des saints, publiaient des contes populaires, des vers savoureux où prêtres et moines sont les héros d'histoires joyeuses et familières ?

Le fils de Marie d'Albret, François, fut un vaillant capitaine. Il combattit en Piémont, à Metz, à Toul, à Saint-Quentin. Les historiens du temps l'ont comparé à Fabius Conctator. C'était un orateur remarquable.

C'est sous son gouvernement qu'entraîné par l'exemple de l'évêque de Nevers, Jacques Spifame, et du bénédictin Jean de Laplanche, quelques protestants tentèrent de se réunir pour l'exercice de leur culte. Une émeute eut lieu à cette occasion, mais fut réprimée aussitôt. Des désordres se renouvelèrent parce que le Duc avait obtenu du Roi l'ordre de dissimuler les assemblées pourvu qu'il n'en résultât aucun scandale. Cet ordre n'ayant pas été du goût des catholiques qui allaient jusqu'à insulter la famille du Duc, celui-ci ne put mettre un terme au désordre qu'en prenant le parti de faire publier défense de s'attrouper sous peine d'être pendu.

A propos de l'Eglise réformée, il faut, quant à Nevers, se défier de l'histoire qu'en ont faite les intéressés; c'est un fouillis de mensonges. Nous dirons seulement que les conséquences de la réforme furent nulles à Nevers, mais considérables à La Charité, à Corbigny. On n'éprouva point les conséquences de la révocation de l'édit de Nantes, à Nevers.

Le beau François de Clèves succéda au précédent duc. Il mourut des suites d'un accident dont il fut victime à la bataille de Dreux. Imbert des Bordes, seigneur nivernais, par un faux mouvement, l'avait atteint d'un coup de pistolet.

Son frère Jacques lui succéda et mourut sans enfants.

Ce furent ses trois sœurs qui partagèrent

sa succession. Qui n'a entendu citer les noms
de ces trois filles de François Iᵉʳ de Clèves
qu'on appelait les Trois Grâces? Qui n'a
entrevu quelque rayon de ce passé plein
d'art et de poésie de la Renaissance? Alors,
des femmes furent merveilleusement belles
et aimées, et les grandeurs furent souvent
pour celles-ci le deuil éclatant du bonheur.
Des sculpteurs, comme Goujon, dans leurs
œuvres du goût le plus pur et le plus exquis
avaient repris leur art au point où l'avaient
laissé les anciens et y ajoutèrent je ne sais
quelle grâce, quelle volupté toute françaises·
Poètes, peintres et sculpteurs étaient par-
venus à réaliser la plus heureuse fusion de la
forme antique avec l'esprit moderne ; les
sculpteurs d'alors, pour produire les formes
élancées de ces femmes de race, au cou de
cygne, aux longs bras blancs, aux doigts effilés
et les têtes adorables des enfants, s'inspirè-
rent, il est vrai, du Parmesan et du Corrège,
mais, au surplus, ils n'avaient qu'à copier
quand ils avaient devant eux des femmes
comme Diane de Poitiers, Henriette, Marie et
Catherine de Clèves, Gabrielle d'Estrée ; de
sorte que leur manière élégante produisit ce
qui fut jamais fait de plus fin, de plus pur à
la fois et de plus fidèle.

Quelle perfection des profils et des contours
dans ces moulures, ces festons, ces arabes-
ques, ces fleurons, ces guirlandes, ces mé-
daillons garnis de personnages en demi-relief!

Le goût de ce temps ne s'est pas borné à Paris. Il s'est étendu à Rouen, à Troyes, à Dijon; on le rencontre aussi à Nevers; mais dans de trop minces vestiges de cette époque de Rabelais et de Montaigne, où, mélange singulier de grâce aristocratique et de verve populaire, le style descendit du palais à l'habitation privée la plus simple.

Henriette, l'aînée des Trois Grâces, fut mariée à Moulins, en Bourbonnais, avec un grand éclat, à cause de la présence de la cour. Elle épousa Louis de Gonzague, prince de Mantoue, qualifié de *cousin étranger* par Charles IX. Henriette de Clèves était blonde avec des yeux d'émeraude comme la Pallas de l'Acropole.

Ronsard l'immortalisa :

La Duchesse de Nevers,
Aux yeux verts,
Qui sous leur paupière blonde,
Lancent sur nous plus d'éclairs
Que ne font vingt Jupiters,
Dans les airs
Lorsque la tempête gronde.

Henriette de Clèves a fait une traduction de l'Aminta du Tasse.

Son amitié pour Marguerite de France, ses efforts pour sauver du massacre de la Saint-Barthélemy, Henri Ier de Bourbon Condé, marié avec Marie de Clèves, sa sœur, l'entraînèrent dans la conspiration qui eut pour but d'enlever Henri de Navarre et le duc

d'Alençon, afin d'en faire les chefs des mal-
contents.

Marguerite et Henriette avaient mis dans
cette conjuration deux officiers, La Mole et
Coconas, le premier aimé de Marguerite, le
second d'Henriette. Ces deux officiers furent
décapités. Marguerite et Henriette assistèrent
à l'exécution et achetèrent du bourreau les
deux têtes des suppliciés. Henriette cacha la
tête de Coconas dans un cabinet de sa
chambre dont la porte était dérobée par les
draperies de son lit. Tandis qu'Henriette
emportait ainsi la tête de Coconas à l'hôtel
de Nesle, Marguerite, pendant la nuit, faisait
parfumer la tête de son amant et l'enterrait
de ses mains d'ivoire.

Brisée par cette tragédie, Henriette de
Clèves consacra le reste de sa vie à des œuvres
de charité et aux belles-lettres. C'est elle qui
fonda le collège de Nevers dirigé par les
Jésuites, un des premiers établissements de
cet ordre en France ; elle aussi qui, en 1588,
fit cette fondation qui existait encore en 1790
et avait pour but d'entretenir en Nivernais
douze pauvres femmes et de marier soixante
pauvres filles.

Le Duc et la Duchesse de Gonzague firent
de fréquents voyages à Nevers, mais le plus
souvent la Duchesse résidait à la Cour et le
Duc vivait à la guerre ou en ambassade.

La rudesse, un peu brutale, d'Henri IV qui
reprocha à celui-ci d'avoir laissé prendre

Cambrai par les Espagnols fut cause de sa mort; il fut bouleversé par les reproches du Roi; ses blessures se rouvrirent et il mourut de chagrin. Il fut inhumé dans le chœur de l'église de Saint-Cyr, dans un caveau où, trois ans après, sa femme vint le rejoindre.

La cadette des Clèves était celle que les poëtes appelèrent *la belle Marie.*

Elle fut élevée dans le calvinisme, à cause de la famille de sa mère, Marguerite de Bourbon-Vendôme qui était de l'église réformée.

Henri, Duc d'Anjou, qui fut Henri III, voulut l'épouser. On a donné à cet amour une origine singulière qu'on trouve relatée dans les *Recherches historiques sur Nevers*, de M. de Saintemarie.

Catherine de Médicis s'opposa au mariage et unit Marie, âgée alors de seize ans, à Henri premier, de Bourbon Condé, âgé, lui, de dix-huit ans, le même jour que Marguerite épousait le roi de Navarre. Dans une élégie, Desportes nous révèle l'effronterie de Marguerite, entraînant ses amies, Marie de Clèves et Mme de Sauve, au Louvre pour y rencontrer : Marguerite, Charri; Marie, Henri d'Anjou, et Mme de Sauve, Henri de Guise. C'était en 1572. Marie avait dix-sept ans.

> Sitot qu'au vieux palais, sans bruit, furent entrées
> Des trois jeunes amants, elles sont rencontrées.

. . . .

Cependant, Henri de Bourbon Condé était extrêment épris de sa femme, et Catherine comptait sur les effets de cet amour pour amener Marie, dont elle avait adroitement préparé la conversion, à obtenir de son mari qu'il se convertît aussi. Mais, si Marie se convertit, le Prince de Condé resta Huguenot.

Dès qu'il put s'évader de Paris, après la Saint-Barthélemy, Condé s'enfuit en Allemagne pour se rallier aux protestants. C'était bien l'affaire du Duc d'Anjou; Marie restait seule à la Cour et il pouvait la voir tous les jours. Mais son élection au trône de Pologne vint contrarier sa passion. Sa mère obtint de lui qu'il allât prendre possession de son trône. Chaque jour, un courrier partait de Varsovie, porteur d'un message galant pour la Princesse : le roi lui écrivait avec du sang qu'il se tirait du doigt. Un mois après son retour en France, il la vit mourir, de suites de couches. On soupçonna le mari d'avoir hâté les jours de sa femme par le poison. Henri III mêla, dès lors, du noir aux couleurs qu'il portait.

La troisième des Grâces était Catherine de Clèves, femme, en premières noces, du Prince Antoine de Porcien, en secondes noces, de Guise le Balafré.

A son lit de mort, le Prince de Porcien lui avait fait jurer de ne pas épouser le Balafré. Cependant, sur les instances de Catherine de Médicis, mais au bout de six années seulement, Catherine de Clèves consentit à prendre Guise pour mari. Catherine, mariée à ce terrible Roi de la Ligue, n'en demeura pas moins coquette. Ayant soupçonné Saint-Mégrin d'être l'amant de sa femme, Guise le fit assassiner. Catherine demanda au Parlement justice du meurtre de son mari, puis disparut de la Cour et se retira dans ses terres. Elle parut cependant à la Cour d'Henri IV et fut fort liée avec Sully qu'elle charmait par ses propos et par la gaîté de son humeur. Elle mourut à l'âge de 85 ans.

Charles, Duc de Rethélois, fils d'Henriette de Clèves et de Louis de Gonzague, était devenu Duc de Nivernais. C'est sa femme Catherine, fille du Duc de Mayenne, qui soutint dans Nevers le siège que fit de cette ville le maréchal de Montigny, en 1617. Elle mourut à 33 ans, dans tout l'éclat de sa beauté.

Charles de Gonzague, qui voyagea presque constamment, mourut à Mantoue le 21 septembre 1637. Il avait perdu successivement son fils aîné, âgé de 16 ans, puis ses deux autres fils, le second Duc de Rethélois et le Duc de Mayenne qui moururent de la peste en 1631. Il laissait un petit-fils, Charles à qui ses tantes, les princesses Louise, Marie et Anne disputèrent les terres situées en France qu'il revendiquait. Cette dispute était basée sur la prétendue qualité d'étranger du neveu.

La Princesse Marie, l'aînée des tantes, prit le titre de Duchesse de Nivernais et se fit nommer par le Roi gouvernante de la province.

Elle fit son entrée solennelle dans Nevers, le 29 mai 1639, par la porte de la Barre, au devant de la bascule d'icelle. Elle fut reçue par nobles hommes et sages, Pierre Bardin, avocat au Parlement, Léon Moreau, seigneur de Trigny, Filbert Sallonnyer, conseiller et maître des comptes de Madame, et Gabriel Guyard, secrétaire auxdits comptes, échevins de la ville, revêtus de robes rouges et assistés de noble homme et sage, maître Charles Bault, avocat au Parlement, procureur du fait commun, des officiers, conseillers et notables bourgeois.

La princesse, après avoir entendu la harangue du sieur Bardin, fut très humblement suppliée de prêter le serment de conserver et maintenir aux habitants de Nevers leurs priviléges, franchises et immunités concédés par les Comtes et Ducs de Nivernois et Donziois, ses prédécesseurs, priviléges, franchises et immunités confirmés par les Rois. Elle prêta serment et prit ainsi possession de son duché.

Cette princesse fut célébrée par les poëtes pour sa beauté : elle avait le teint blanc, était toute petite avec des yeux et des cheveux tout noirs. Ainsi la représente Alfred de Vigny, dans *Cinq-Mars*, d'après son portrait

fait par Nanteuil et conservé à Versailles.
Marie n'avait pas de grâces ensorcelantes ni
rien d'impérieux; elle avait bon cœur d'une
façon toute simple comme elle eut un mer-
veilleux visage. A l'inverse de femmes connues, qui furent beaucoup aimées, elle s'im-
prégna de tendresse en vieillissant. On sait
qu'elle a été, d'une façon touchante, la protectrice d'Adam Billault et, à ce titre, sa figure
apparaît aux Nivernais dans tout le rayonne-
ment des arts et des lettres. Adam Billault ne
fut pas ingrat envers sa protectrice. Son œuvre
est pleine du souvenir de celle-ci. Un jour
qu'il accompagnait la Princesse dans une des
promenades que celle-ci aimait à faire dans les
environs de Nevers, le cheval du poëte se cabra
et fit peur à la princesse. Perdu dans les rayons
de cette beauté, Adam Billault sut, à cette
occasion, trouver les vers flamboyants que
voici :

> Vos yeux à nuls autres pareils,
> S'ils sont, comme on dit, des soleils,
> Se font eux-mêmes la guerre,
> Puisqu'ils peuvent tout enflammer.
> S'ils n'ont pas desséché la terre,
> Mon cheval est-il à blâmer?

Marie fut recherchée en mariage par Vladislas, prince de Pologne et par le duc
d'Orléans, frère de Louis XIII, à qui elle devait
répondre, lors de son mariage avec le roi de
Pologne « que Monsieur était destiné pour
être Monsieur, elle, pour être reine et qu'elle

était contente de sa destinée ». Gaston l'avait abandonnée lâchement à la haine de Marie de Médicis, qui la fit enfermer à Vincennes avec Madame de Longueville, sa tante.

De tous les courtisans de sa beauté, Marie préférait Cinq-Mars. C'est dans le cabinet mystérieux où sa grand'mère avait tant pleuré Coconas, qu'elle, à son tour, se retirait pour pleurer sur l'infortuné Cinq-Mars.

Elle quitta la Cour lorsque celui-ci fut décapité et y revint seulement après la mort du cardinal de Richelieu.

Soit à Nevers, soit à Paris, sa maison était le rendez-vous de tous les beaux esprits du temps. « Après la conversation qui se tenait dans le cabinet de la princesse Marie, dit un contemporain, il n'y avait plus rien à désirer en ce genre là. »

Vladislas, veuf de Cécile-Renée d'Autriche, devenu roi de Pologne, ayant demandé la main de Marie, l'obtint enfin. Le Palatin de Posnanie vint l'épouser, au nom du roi, son maître, le 6 novembre 1648. La cérémonie eut lieu en la chapelle du roi. D'après l'abbé de Marolles, Marie quitta la France, éprouvant les pressentiments de Marie Stuart retournant en Ecosse. Elle était, d'ailleurs, victime d'un mariage tout politique. Le roi, son époux, grincheux et goutteux, la reçut en faisant cette réflexion : « Ce n'est que cela, je la croyais plus belle » et poussait loin l'oubli de toute galanterie.

Devenue veuve, Marie épousa Jean-Casimir, frère et successeur de son premier mari au trône de Pologne ; c'est ce Jean-Casimir qui fut jésuite et cardinal, prieur du couvent de Saint-Martin de Nevers, où il mourut.

Marie mourut d'une attaque d'apoplexie à Varsovie, le 10 mai 1667.

Sa sœur, la princesse Anne, avait épousé Edouard, prince palatin du Rhin. Celle-ci prit part aux troubles de la Fronde. Elle mourut le 6 juillet 1684 après avoir passé les dernières années de sa vie dans la retraite. Bossuet, qui savait dire en termes éloquents combien de larmes pouvaient contenir souvent les yeux des princesses, a fait l'oraison funèbre de la Princesse Palatine. C'est à ce propos qu'il commet une erreur en attribuant à cette dernière et à sa sœur l'institution dans leurs Etats des filles aumônées dont l'honneur revient à Louis de Gonzague et à sa femme.

Le jeune Henri de Guise avait signé de son sang une promesse de mariage à Anne, mais l'avait délaissée ; c'est, après avoir flirté avec le chevalier de la Vieuville, qu'elle avait épousé le Prince de Bavière.

Là finit la galerie de ces femmes qui portèrent en elles tant de passions et devant lesquelles il est bon de s'arrêter par notre temps plein de gris et de brumes.

Charles III, fondateur de Charleville, qui succéda à la Princesse Marie, sa tante, et à qui, par arrêt du Conseil d'Etat, les terres

situées en France furent adjugées moyennant
1,500,000 livres, à payer à la Reine de Pologne, et 1,200,000 livres à la Princesse Anne
(5,000,000 d'aujourd'hui), dédaigna de venir à
Nevers où il ne passa que deux nuits, dans
son existence. Ce prince, de mœurs dissolues
et qui tomba dans une sorte de déconfiture,
vendit le duché de Nivernais à Mazarin, le
11 juillet 1659. L'acte, préparé par les soins de
Colbert, fut signé à Saint-Jean-de-Lutz, au
même moment que le traité de paix des
Pyrénées.

Les derniers Ducs de Nevers furent les
neveux de Mazarin, Philippe-Julien Mancini,
enfin le fils et le petit-fils de celui-ci.

C'était, dit SaintSimon, en parlant du premier, un Italien, très italien, de beaucoup
d'esprit, facile, extrêmement orné, qui faisait
les plus jolis vers du monde qui ne lui cou-
taient rien, un homme de la meilleure société,
qui ne se souciait de quoi que ce fut, pares-
seux, voluptueux, avare à l'excès. Il voyait de
bonnes compagnies dont il était recherché, il
en voyait aussi de mauvaises et d'obscures
avec lesquelles il se plaisait; il était en tout
extrêmement singulier. » Il prit bruyamment
parti contre Racine et Boileau. Son fils fut
Philippe-Jules-François, qui épousa une
Spinola. Il était riche, avare et goutteux.

Le fils de celui-ci fut Louis-Jules Barbon
Mancini-Mazarini, qui prit le nom de Duc
de Nivernais. Ce lettré fut ambassadeur

à Rome, à Berlin et à Londres, où il né-
gocia et signa la paix de 1763. Il fut ministre
d'Etat, fit partie de l'assemblée des Notables,
fut académicien. Il avait eu d'Hélène de Pont-
chartrain, qu'il a célébrée sous le nom de
Délie, dans ses poésies, deux filles, Madame
de Gisors, dont le mari mourut héroïque-
ment à Crevelt, et Madame de Cossé-Brissac,
dont le mari fut assassiné à Versailles en
1792. Le duc de Nivernais se maria, en
secondes noces, à un âge très avancé, avec
Madame de Rochefort. C'était avec celle-ci
qu'il avait entretenu, pendant quarante ans,
une sorte de liaison blanche, d'une nature
délicate et originale comme tout ce qui venait
de lui. Ce Duc de Nivernais résuma en lui
tout ce qu'une race d'hommes eut de qualités
et de défauts, mais n'avait pas de vices. Il
refusa d'émigrer, fut jeté en prison et échappa
à l'échafaud. Ses immenses domaines im-
mobiliers lui furent conservés. Rentré dans
la vie politique, en même temps que le sens
commun reprenait le dessus dans les esprits,
il fut nommé président du collège électoral de
la Seine. S'il ne fut pas élu au corps législatif,
il eut l'avantage, après avoir été, dans sa
jeunesse, traité le plus familièrement du
monde par Madame de Pompadour, de se voir
fêté, par les citoyens de son arrondissement,
comme le vieillard le plus vertueux et le plus
vraiment digne de présider à une fête de la
vieillesse.

Il mourut en 1798. L'auteur de ce guide
s'est efforcé de déterminer, dans son étude,
« Duc et Duché de Nivernais », ce qu'étaient
ce Duc et ce Duché à la veille de la Révolution : le Duc, type achevé de ce qu'on appelait
un grand seigneur au XVIII⁰ siècle, doué de
maintes qualités et de talents divers, ainsi
que des défauts propres à son temps, mais
sans que rien chez lui fût poussé à l'excès, le
Duché, expression géographique et pompeuse,
car, en fait, les intendants étaient les maîtres
financièrement et administrativement ; le Duc,
à bien prendre, n'était plus rien ; circonstance
qui explique, sans doute, pourquoi le Duché
n'a laissé aucune trace de bienfaits ni marque
de l'utilité dont il aurait été pour le pays.

Voilà bien des faits historiques peu en
lumière qu'évoque la vue du château ducal;
le curieux, qui est à l'affut de points inconnus
ou peu remarqués, aurait beaucoup à apprendre dans l'histoire de ce pays.

En 1789, le palais ducal et ses dépendances
se composaient du château dont l'extérieur
différait peu de ce qu'il est aujourd'hui et du
petit château, d'architecture italienne, datant
des Gonzague. Ce petit château se reliait au
grand par la grosse tourelle de droite. Il a
fait place au théâtre et à une école.

Devant ces bâtiments s'étendait la cour
plantée d'arbres avec carrés de verdure et de
fleurs au milieu. Derrière, sur la rue des
Ouches, était une terrasse où se trouvait le

jeu de Paume. Les écuries et les remises
ainsi qu'un jardin, dit de la Magdelaine, occupaient l'emplacement de la mairie actuelle
et étaient soutenus par des ruines qui sem-
blent être un reste des fortifications de l'ancienne ville. Nous sommes là sur le vieil
emplacement de la Cité de Nevers compre-
nant jadis le plateau de la ville ou quartier
ducal.

C'est dans le palais ducal que se réunirent,
le 14 mars 1789, les membres de la noblesse
du Nivernais, sous la présidence de Leroy de
Prunevaux, grand bailli d'épée du Nivernais,
pour procéder aux élections des députés aux
Etats-Généraux, puis, le 21 juin 1790, les membres de la Fédération des gardes nationales.
Le Duc de Nivernais allait gracieusement
concéder la jouissance de *sa maison* à la commune de Nevers pour y établir la municipalité,
quand Fouché, représentant, en mission dans
la Nièvre, sans s'arrêter à aucune considéra-
tion de propriété, installa, à sa fantaisie,
la municipalité dans le grand château, le
conseil de surveillances et les subsistances
dans le petit château. D'ailleurs, cette occu-
pation fut de courte durée. Mancini rentra
bientôt dans la jouissance de ses biens. Ce fut
Madame de Cossé-Brissac, sa fille, qui vendit
le château et le parc, moyennant cinquante
mille francs, à la Ville et au département.

Le tribunal civil et la municipalité siégèrent,
dès lors, dans le château ducal. Aujourd'hui,

les tribunaux seuls y sont installés. L'aménagement intérieur approprié au service des
tribunaux a été modifié par les soins de
M. Paillard, architecte. Il faudrait pour se
rendre compte de l'aménagement ancien et
du mobilier, consulter les inventaires dressés
après le décés de François de Clèves et le
décès du Duc de Nivernais. Mais ces détails
excèderaient les bornes de ce modeste travail :
qu'il vous suffise de savoir qu'au lieu des
cheminées artistiques rehaussées de faïences,
des lits de style, des bahuts élégants, en
harmonie avec le monument, on n'y trouva,
lors du dernier inventaire, que des meubles
Louis XIV et Louis XV, quelques tapisseries et
des tableaux sans grande valeur. Evidemment,
les neveux de Mazarin réservaient toutes leurs
préférences pour leurs résidences favorites.

Dans les combles est le musée céramique.
Vous apprendrez avec surprise que, dans la
partie supérieure de la tourelle de droite,
sont placées toutes les minutes des notaires
antérieures à 1789. Il semble bizarre que
l'histoire des Français des divers Etats que
contiennent ces titres, soit ainsi livrée aux
souris, aux mouches et aux rats qui ont élu
domicile dans cet endroit inaccessible.

Je vous conseille cependant d'y monter.
Des fenêtres où le regard sollicite l'espace on
embrasse un vaste panorama : la campagne
de Nevers arrêtée de toutes parts par le trait
vert des forêts.

Les sculptures et les ornements de la façade qui avaient été mutilés pendant la Révolution, ont été restaurés par le sculpteur Jouffroy. Les anciennes grilles ont été enlevées en vertu d'un arrêté pris par Collot d'Herbois et Goyre Laplanche, représentants en mission dans la Nièvre, et transportées à Guérigny pour faire des piques.

Au milieu de deux parterres qui sont entretenus devant le château ducal, ont été placés récemment les bustes mélancoliques d'Adam Billault, le menuisier-poëte, et du pamphlétaire Claude Tillier.

Si vous avez un instant de liberté après dîner venez sur la place qui fait face au château. Au milieu des bâtiments voisins, revêtus de nuit, la blancheur et l'éclat de la façade de ce monument vous étonneront. Vu de profil, il a un grand air sans pareil. Si, par bonheur, les rayons de la lune dont le propre est de faire que les monuments se profilent avec plus de hardiesse et d'exagérer leurs proportions, viennent à l'éclairer, vous serez surpris des reflets d'argent et des miroitements d'eau courante qu'a le toît d'ardoises. Vous souvenant alors d'Hélias, vous aurez aussitôt la vision du chevalier du Cygne fendant, revêtu de son armure éclatante, la blanche écume du fleuve, guidé par son poétique oiseau.

La Cathédrale *(monument historique)*

L'église Saint-Cyr, pas assez dégagée, mais en bonne voie de restauration, est particulièrement intéressante. On croit qu'elle a été autrefois sous l'invocation de Saint-Gervais et de Saint-Protais; elle fut rebâtie par Saint-Jérôme, 19e évêque de Nevers, en 801. Elle était déjà connue, dès cette époque, sous le nom d'église de Saint-Cyr. Elle fut incendiée en 1212 sous l'épiscopat de Guillaume de Saint-Lazare, 55e évêque de Nevers, qui en fit rebâtir tout le cœur tel qu'il est aujourd'hui.

Cet évêque, un des héros de la bataille de Bouvines, était aussi charitable que vaillant. En 1220, il nourrit jusqu'à 2,000 pauvres. En mémoire de ses bienfaits, le chapitre encensait sa sépulture à toutes les grandes fêtes. C'était le type accompli de l'évêque au moyen-âge. En 1760, sous je ne sais quel prétexte, on brisa son tombeau qui nuisait à la symétrie.

La tour de 52 mètres, qui est fort belle et très claire, fut commencée en 1509 sous Jean Bohier, 78e évêque, et sous le pontificat de Jules II. Celui-ci accorda des indulgences à tous ceux qui contribuèrent à son élévation; elle fut achevée en 1528. Cette époque était celle de l'architecture gothique, dite flamboyante. On retrouve donc, dans la décoration de Saint-Cyr toute l'élégance des formes et la

Cathédrale Saint-Cyr (Nevers)

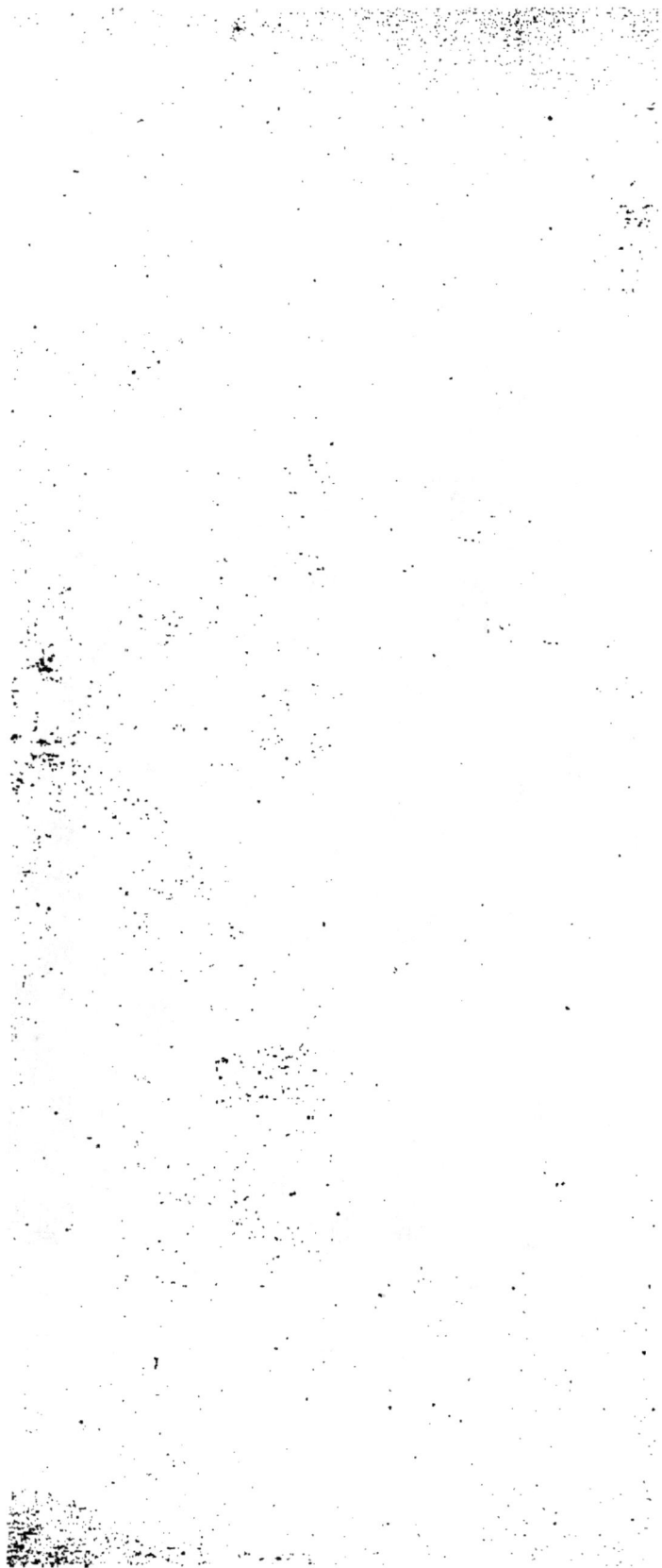

richesse de décoration propre à ce genre d'architecture.

L'originalité de la Cathédrale provient des reconstructions dont elle a été l'objet. En effet, elle est fermée à ses deux extrémités et l'on y pénètre non par un porche, mais par les ouvertures latérales dites portail de Saint-Christophe ou du Doyenné et portail de Loire. Cette Cathédrale a deux absides : l'une romane, l'autre gothique. L'abside romane, transformée en chapelle, s'élève au-dessus du sol de l'église et surmonte une crypte. Cette chapelle et cette crypte sont dédiées à Sainte-Julitte, mère de Saint-Cyr. On est bien placé sur le perron de la chapelle pour embrasser l'intérieur de l'église.

Il faut vous dire aussi que quant aux chapelles, l'église que nous visitons n'est pas celle que nous avons connue dans notre jeunesse.

Les tombeaux, les bas reliefs sculptés, les peintures des chapelles ont été à peu près détruits ; par contre, des inscriptions fort anciennes, des fresques d'une haute antiquité, inconnues des dernières générations, sont mises à jour maintenant par suite de nettoyages ou de grattages. De sorte que, tous les jours on peut avoir de ces surprises que M. Emile Montégut compare poétiquement aux apparitions de ces chevaliers et de ces dames que les enchanteurs des vieux poëmes enfermaient pendant des siècles dans des arbres ou dans des pierres.

On a retrouvé ainsi une peinture à fresque consacrée au souvenir du chanoine Simon Laurendault, mort en 1445, laquelle est peut-être l'œuvre d'art la plus intéressante de la Cathédrale. Le chanoine, à genoux sur un tapis de fleurs est présenté par Saint-Pierre à la Vierge et à l'enfant Jésus. On a découvert encore en 1880 une fresque qui couvre toute la voûte de l'abside de Sainte-Julitte. Il y a aussi à voir une peinture murale représentant les épreuves succcessives que le juge fait subir à Sainte-Christine de Toscane, mise à mort sous Dioclétien. De sorte que toutes ces anciennes choses sont pleines d'attrait pour les gens qui n'ont pas vu Saint-Cyr depuis longtemps. D'autant mieux que, sans efforts, ils pourront se représenter cette église telle qu'elle était avant que les amateurs du badigeon lui aient fait perdre son caractère ancien, c'est-à-dire sous le flamboiement des vieux vitraux, avec le ton chaud et coloré des murs revêtus de peintures à la cire et peuplée de ces statues et de ces bas-reliefs sur lesquels le moyen-âge et la première renaissance avaient répandu toutes les splendeurs de la polychromie.

Pour que vous n'ignoriez rien, sachez que cette église a 110 mètres de longueur. Le transept, qui est de la période romano byzantine, n'est pas entre le chœur et la nef, mais au-delà de celle-ci; c'est une particularité qui lui est commune avec l'église des Saints-

Anges de Cologne. Le chœur est sensiblement incliné à droite pour rappeler la position de la tête du Christ sur la Croix.

L'impression religieuse qu'on a dans Saint-Cyr est tout autre que celle de l'écrasement religieux qu'on éprouve dans l'église de Saint-Etienne de Nevers que nous décrivons aussi : Tout, ici, est élancement, flots de lumière, gaîté mystique et vous sortirez l'âme pleine d'une véritable aise religieuse si vous avez la chance d'y jouir, un jour de grande fête, de l'effet que produisent les chants d'une remarquable maîtrise et la pompe du culte rehaussée par l'éclat des soutanes rouges que les chanoines de Nevers ont le droit de porter.

A propos de Marie d'Albret, nous avons raconté comment elle fit don à Saint-Cyr de belles tapisseries : les scènes que représentaient ces tapisseries de haute lice étaient décrites ainsi par des inscriptions brodées. « Saincte Julitte et Sainct Cire persécutés lessent la cité d'Ycaune et viennent à Tharses.

» Alexandre le prévost tousjours persécutant Chrestiens, arrivé à la ville de Tharses, commanda Saincte Julitte estre prinse et pardevant luy amenée.

» Sainct Cire et Saincte Julitte sont mis dedans un grand chaudière pleine de souffre et plomb au-dessoubs de laquelle sortent entiers.

» Alexandre faict traverser du hault jusques

en bas Sainct Cire de troys grands cloux
esgus, puis cruelement le cier par le corps.

» Alexandre, voyant par tormens ne pouvoir
exterminer les saincts ny de la foi détourner,
leur faict finalement la tête trancher. »

Ces tapisseries ont servi à orner les cérémonies payennes du culte de la déesse Raison.
Elles existaient encore en 1842; mais, depuis,
elles ont été employées comme tapis de pied
dans le chœur. Des fragments qui ont pu être
sauvés de la destruction complète, sont conservés au musée de la Porte du Croux.

Saint Cyr est représenté sur un bas relief
et sur les armoiries du chapitre, à cheval sur
un sanglier. Voici pourquoi il en est ainsi :
on raconte qu'un jour Charlemagne se vit,
au cours d'une chasse, assailli par un sanglier furieux. Il se précipita à genoux pour
implorer Dieu. Or, un enfant nu lui apparut
et promit de le secourir s'il consentait à vêtir
sa nudité. L'Empereur, tout naturellement
promit. L'enfant, enfourchant le sanglier, le
saisit par ses défenses et le conduisit ainsi à
Charlemagne qui n'eût plus qu'à percer l'ani-
mal de son épée.

Pendant les plus mauvais jours de la Révolution, la Cathédrale fut transformée en
Temple de la Raison. Une délibération du
conseil général de la commune de Nevers,
datée du 26 Germinal, an 2, donne une idée
complète de l'ornementation du lieu. Dans
ces jours de fêtes continuelles, les Jacobins

atteignant souvent dans l'ingénuité grotesque, le degré auquel ils prétendaient s'élever dans le genre terrible.

Voici le grand appareil d'une fête imaginée par eux *pour la découverte d'une conjuration déjouée* :

Afin de donner un autre coup d'œil à l'intérieur du Temple, on laisse le fond des décorations telles qu'elles sont. On élève, au milieu de la nef, une estrade d'un carré parfait de quatre pieds de hauteur et six pieds de large sur laquelle il y a un autel de forme ronde pour recevoir le feu sacré *qui doit continuellement brûler dans le cœur de tout bon républicain.* En face de cet autel de la Patrie, il y a, à six pieds et demi de hauteur, un emplacement pour la musique. En face, du côté opposé, on a élevé une tribune aux harangues, peinte en draperies aux trois couleurs. On a enlevé la ci-devant chaire afin d'ôter tout ce qui choque le coup d'œil par ce qui tient à la superstition. Du côté occupé par la musique, on place une représentation de l'arche de la loi pareille à celle qui est à la Convention. *La Liberté animée* figure dans la fête suivie du cortège habituel : toutes les sœurs de la société populaire en blanc, ornées de ceintures tricolores, les corps constitués, la garde nationale groupée sur des gradins. On exécute des symphonies dans l'intervalle desquelles un citoyen fait un petit discours *analogue aux circonstances.* La liberté avait eu jadis sa place dans les cathédrales, mais c'était comme dans la cathédrale de Chartres, une statue de jeune fille aux traits purs, ayant les yeux levés vers le ciel et les pieds détachés de la terre. Au-dessous, on lisait ce mot : *Libertas.*

Un jour, Noël Pointe, un des députés commissaires de la Convention qui se succédèrent à Nevers, arrêta, conformément, d'ailleurs, aux ordres donnés par le Comité de Salut public au Comité de surveillance de Nevers, qu'il suivrait tout uniment l'avis du peuple, fait arbitre souverain du sort des suspects détenus : c'était ce qu'il appela *la justice rendue au nom du peuple français par lui-même à lui-même.* Noël Pointe tint donc des assemblées générales et publiques auxquelles on soumit le sort des détenus et fit choix pour ces réunions du Temple de la Raison.

Hésiterez-vous, comme moi, à croire que Noël Pointe, ainsi qu'il le prétend, parvint à faire comprendre au peuple la gravité de la mission qu'il avait à accomplir ? Il paraît cependant que le peuple manifesta sa générosité, à défaut du sang froid et du calme d'esprit nécessaires pour que les passions personnelles et les ressentiments particuliers n'eussent aucune prise sur cette masse de juges procédant par cris tumultueux à l'appel de chaque nom ?

A cause des contrastes, nous avons choisi la cathédrale comme le cadre le mieux propre à nous montrer ce changement de décor révolutionnaire dont aucun fait, dans l'histoire des autres Etats, ne peut donner l'idée. On était aussi loin de prévoir, en 1788, les fêtes révolutionnaires qui y furent données quelques années après, qu'il nous paraît extraordinaire aujourd'hui qu'elles aient eu lieu. Parmi les juges et les détenus réunis par Noël Pointe, que de citoyens du Nivernais, peu d'années auparavant, avaient figuré dans des cérémonies d'un autre caractère. N'étaient-ils pas à l'enterrement de Mgr Pierre de Séguirau, évêque, le 18 avril 1789? Que sont donc devenues en 1793 les autorités formant le cortège? Ce cortège se composait de tambours et des fifres de la ville, de la confrérie de la Passion revêtus d'un manteau noir avec un cierge à la main, des Capucins, des Minimes, des Récollets, des Jacobins, des Carmes, des Abbés du Séminaire, des Curés de la Ville, de MM. du Chapitre, des Clers portant la croix, la crosse et la mitre, du baron de Poiseux, de M. de Montagnac, représentant le prince de Revel, baron de Druy, de MM. Marion de Givry et Marion, seigneur de Cours-les-Barres, tenant les cornes du drap, des anciens curés, de M. le doyen de Damas, officiant, de M. Richard de Soultrait, remplissant les fonctions de maître des cérémonies, des officiers du bailliage royal et présidial de Saint-Pierre-le-Moûtier, des juges de l'évêché, des maires et échevins revêtus de leur costume, etc. Les soldats du Royal Piémont formaient la haie sur le parcours.

L'Église Saint-Étienne *(Monument historique)*

L'église Saint-Étienne est romane et d'une unité de style remarquable. L'effet produit par la sévérité sombre du vaisseau et par le crépuscule religieux qui y règne est puissant au suprême degré. On a, en la visitant, l'impression de tristesse la plus forte qu'on puisse éprouver. Un implacable architecte y a amassé toutes les ténèbres de notre vallée de pleurs. On y éprouve une sensation semblable à celle qu'on reçoit de la lecture de certains passages désespérants de Dante et de Milton ou bien de certaines peintures espagnoles. C'est l'étreinte physique de la peur, et sur les reins comme une haleine froide. Toute une façon d'envisager et de comprendre le Christianisme est traduite ici et comme concentrée avec une vigueur et une intensité incomparables.

On lit dans les ouvrages de savants archéologues que la fondation de l'église et du monastère de Saint-Étienne remonte à une époque antérieure à la création du Nivernais. Saint Colomban, fondateur de tant d'églises et de monastères, dans un de ses voyages, vers 589 ou 610, fonda cette église au pied des murs de Nevers, *in suburbio Nivernis civitatis.* Ruinée plus tard, elle fut rétablie par le

Église Saint-Étienne (Nevers)

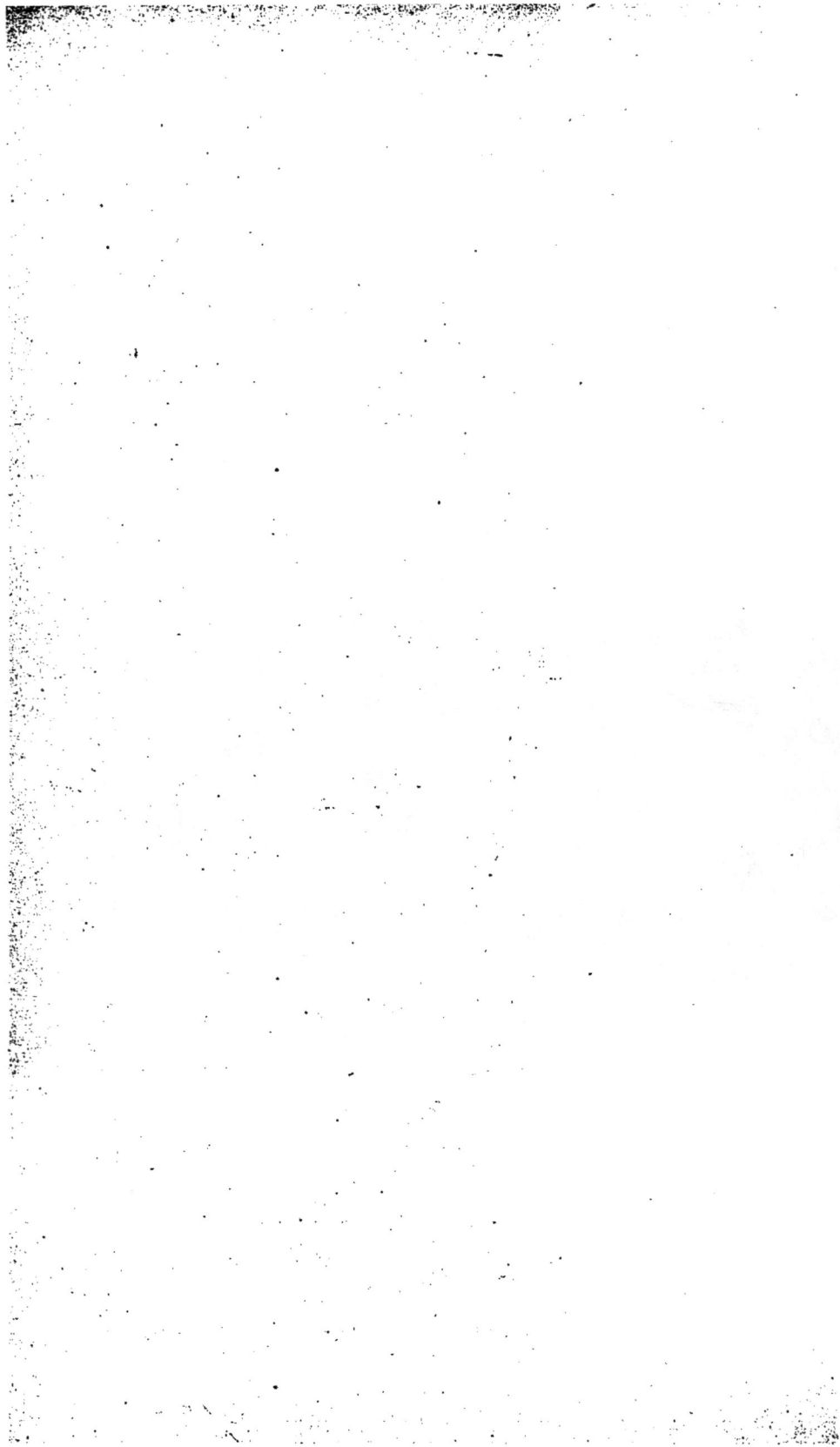

comte Guillaume Ier qui consentit, en 1068,
à abandonner le monastère aux Bénédictins
dans la personne de saint Hugues, abbé de
Cluny, qui y envoya un prieur et des religieux. Saint Hugues est ce personnage qui fut
le véritable inspirateur de Grégoire VII et le
fondateur de cette immense puissance de
Cluny, dont l'influence morale fut si haute
et si forte à l'origine. C'est, en définitive, de
1068 que date la véritable fondation du prieuré
de Saint-Étienne et de la paroisse de Saint-
Clément en l'église priorale de Saint-Étienne.
Le comte Guillaume combla les Bénédictins,
qui devinrent seigneurs du lieu et de toutes
les dépendances du monastère, avec haute,
moyenne et basse justice, de sorte que fut
constitué ainsi *le bourg de Saint-Étienne*, qui
subsistait encore, en 1789, comme une ville
étrangère dans la ville de Nevers, suivant
l'heureuse définition de M. de Saintemarie
dans ses *Recherches historiques sur Nevers*.

L'église possédait autrefois trois clochers.
En 1792, le clocher élevé à droite du portail
était lézardé et avait perdu son aplomb. Celui
de gauche aurait pu être conservé ; mais,
d'après l'avis des administrateurs du département, *la perspective du portail et du devant
de l'église aurait été difforme*. On démolissait
facilement alors. Le 17 juin 1793, l'architecte
chargé de la surveillance de l'entreprise de
démolition constate, par un procès-verbal,
que les travaux sont exécutés, qu'il n'y a plus

de clochers. A cette époque, Saint-Étienne fut, par suite d'une fantaisie bizarre de l'ancien oratorien, Fouché, désigné comme pouvant faire une salle de spectacle. Une pétition du citoyen Symphal, comédien, porte (25 nov. 1793) que ce comédien a donné, sur la réquisition de Fouché, deux représentations dans cette église, et le Conseil du département arrête qu'il lui sera délivré un mandement de 800 livres à prendre dans la caisse des riches. Les prisonniers Mayençais, internés à Nevers, y habitèrent quelques temps. Puis Saint-Étienne devint « un très-beau magasin à fourrages », suivant l'expression des administrateurs de l'an VI.

Des rapports faits sur les monuments pendant la Révolution et dans les premières années de ce siècle, il ne résulte pas que la beauté exceptionnelle de Saint-Étienne ait attiré l'attention de personne. Cette église était entourée de murailles et de mauvaises constructions qui en cachaient les plus belles parties et empêchaient d'en approcher. D'ailleurs, elle s'enterrait tous les jours. Elle a été mise dans l'état où elle se trouve maintenant sur les instances de Mérimée et de M. Crosnier.

A côté de l'église, au sud, existe le cloître qui date du XIII° siècle. Une restauration complète comporterait la destruction de la sacristie ancienne puisqu'elle est fort laide et que le service du culte se fait dans la galerie de l'ancien cloître.

Intérieur de l'Eglise Saint-Etienne (Nevers)

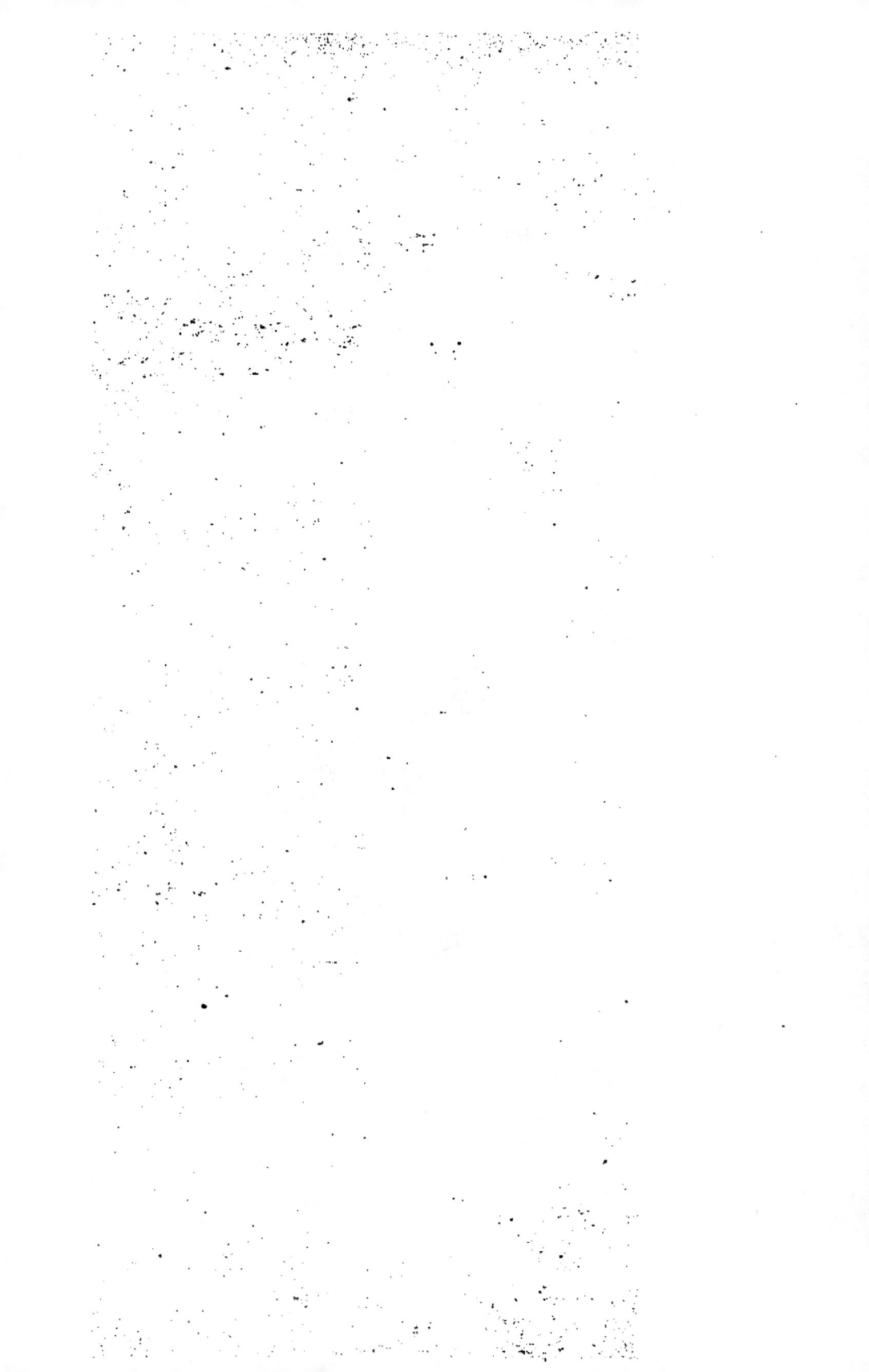

L'Eglise Saint-Pierre ou Saint-Père

(Monument historique. — Peinture à fresques.)

D'après *Pougues Médical et Pittoresque,* par le docteur J. Janicot et Aimé Giron, « le portail manque de sobriété et de caractère, mais autrefois il abritait une des quatre statues connues en France de la reine Pédauque. »

C'est évidemment à l'insuffisance de ses indicateurs que l'écrivain de talent qui a voulu renseigner les baigneurs de Pougues sur Nevers, attribuera son erreur. L'église Saint-Pierre, dont le portail était orné de la statue de cette reine Pédauque, s'élevait sur la place qu'on nomme aujourd'hui la place Guy-Coquille. Le curieux portail reproduit par l'Album du Nivernais avait été construit du temps des Croisades. A la place des colonnes s'élevaient, sur des piédestaux richement décorés, quatre statues dont l'une représentait je ne sais quel personnage, sans couronnes, les autres, deux rois et une reine *largement pattée comme sont les oies.* Celle-ci était la reine Pédauque, dont l'ornement bizarre ne se trouvait que sur trois autres églises de France, Saint-Bénigne de Dijon, Saint-Pourçain en Auvergne, et l'abbaye de Nesle dans la Brie. Les savants se sont évertués à rechercher la signification des pattes d'oie de la reine Pédauque. Il paraît vraisemblable qu'une explication récemment donnée, mais trop compliquée pour être relatée ici est enfin la bonne. Les sceptiques ne peuvent donc plus s'en tenir simplement à l'avis de M. de Saintemarie, qui voit dans cette singularité un caprice de sculpteur imité par d'autres sculpteurs, comme l'auteur du cochon jouant du violon, de l'église Saint-Sauveur de Nevers.

L'ancienne église paroissiale de Saint-Pierre tomba de vétusté en 1771. C'est alors que la paroisse fut transférée dans l'église du Collège. Le duc Charles de Gonzague avait posé la première pierre de celle-ci le 9 septembre 1612, et l'évêque, Eustache du Lys avait fait, le même jour, la bénédiction du lieu. L'Eglise actuelle, due au talent de Martellange, architecte des Jésuites, est fort décorée. Les voûtes sont peintes à la fresque avec jeux de perspectives architectoniques. Ces fresques, achevées en 1684, seraient l'œuvre de deux artistes, Gherardini et Bâtiste. Gherardini serait mort à la veille de terminer son travail, s'étant laissé tomber du dôme sur le pavé. C'est, du moins, ce que de graves auteurs rapportent, mais à l'aide de documents sérieux, on vient de reconnaître que Gherardini et Bâtiste étaient une seule personne et que c'est l'entrepreneur et non Gherardini qui mourut des suites de l'accident que je viens de dire. Ce qu'il y a de certain, c'est que Gherardini dédiait au duc de Nivernais un livre sur la Chine où il voyagea, bien longtemps après cet accident.

Aujourd'hui, *Saint-Père est le sanctuaire* préféré de la piété mondaine.

————   -

Ce qui reste des Eglises Saint-Sauveur et Saint-Genest

L'église Saint-Sauveur était une église romane dont il ne reste que le portail et des colonnes faites au tour. On admire, au musée de la porte du Croux, le tympan, les chapiteaux de cette église, qui ont été signalés par Mérimée et Viollet Leduc, au point de vue de l'influence de l'art grec ou bysantin, sur l'architecture du Moyen-Age au XIIe siècle dans le centre de la France. Il peut être vrai, comme on le raconte, que la pierre tombale sous laquelle reposait, dit-on, dans cette église, une. fille de Charlemagne, ait servi longtemps de banc à la porte d'une maison de la rue de la Verrerie. N'a-t-on pas vu dernièrement des pierres sculptées, provenant de Saint-Sauveur, brisées par des ouvriers, sur l'ordre des employés de la ville? A en juger par des dessins conservés aux Archives, cette intéressante église était pleine de sculptures curieuses représentant des êtres ventrus comme des boudhas sur des chapitaux ornés de fleurs impossibles, d'animaux de cauchemar, qui font de la musique ou lancent des flèches comme l'amour, à travers un paysage incohérent.

Saint-Sauveur s'écroula dans la nuit du 14 au 15 février 1838. Ses vieux murs servent aujourd'hui d'encadrement à une cour d'auberge.

Quant à l'église Saint-Genest, elle sert aujourd'hui de brasserie. Vous admirerez une porte latérale qui est regardée par M. Viollet-Leduc comme un chef-d'œuvre de proportion et de sculpture. Mérimée, dans ses *Notes d'un Voyage dans le Midi de la France*, va jusqu'à dire qu'une draperie est jetée sur une des figures qui n'ont pas été mutilées, avec tant de grâce, qu'elle fait penser à celles du Parthénon. Les faïenciers étaient groupés autour de cette église Saint-Genest, dont le clocher était recouvert d'éclatantes tuiles émaillées de leur fabrication.

Les Minimes

Le duc Charles de Gonzagues était marié depuis six ans avec Catherine de Lorraine et n'avait pas d'enfants. Le Duc fit vœu de bâtir un couvent de Minimes s'il avait un enfant. La Duchesse étant devenue enceinte, ce monastère des Minimes fut aussitôt construit. L'évêque Eustache du Lys bénit la première pierre. L'enfant qui naquit reçut le nom de François de Paule et porta, pendant son enfance, l'habit de Minime. Ce prince est connu sous le nom de duc de Rhételois. Il mourut à l'âge de seize ans. Il fut inhumé sous le sanctuaire des Minimes. En 1780, on voyait encore la robe de Minime du jeune prince suspendue à un pilier du côté gauche de la grille du chœur. A treize ans ce prince, d'une beauté remarquable, passait pour être amoureux de Mademoiselle de Soissons (Charlotte-Anne de Bourbon). C'est lui qui, un jour que ses cheveux frisaient plus que de coutume, avait répondu au Connétable de Luynes qui lui en faisait l'observation, ajoutant malicieusement qu'il avait sans doute une maîtresse, et que c'était pour lui plaire qu'il s'était ainsi frisé : « Je n'ai point de maîtresse, et mes cheveux frisent naturellement. » Le Roi lui ayant demandé presqu'aussitôt après si cela était vrai, il convint qu'il y avait une dame à qui il désirait plaire, et, sur l'observation du Connétable, qu'il venait de lui dire le contraire, il ajouta : « Je dis au Roi la vérité, et à vous ce qu'il me plaît. »

L'église des Minimes, qui sert aujourd'hui de Musée et qu'on menace de détruire, était richement décorée. Le maître-autel y était formé des marbres les plus beaux. Les moines avaient une serre pour les plantes rares et un fort beau jardin. Ces moines n'étaient plus que quatre en 1789. La Révolution mit les bâtiments des Minimes à la disposition des Commissaires des guerres qui les remplirent de fourrages. Le jardin fut utilisé comme jardin botanique sous la direction d'un abbé

Trouffleau, auteur de plusieurs ouvrages de botanique. Ce jardin botanique eut une existence fort courte.

Les bâtiments et l'église restèrent la propriété de l'administration de la guerre jusqu'à la destruction du quartier militaire. Aujourd'hui l'église, qui seule subsiste, est la propriété de la ville de Nevers.

La Visitation

(Monument historique. — La Chapelle)

La Maison de la Visitation fut fondée en 1620 par M. de Langes, baron de Château-Renaud, et par Vincent Bouzitat. La chapelle actuelle fut bénie, le 22 juin 1639, par l'évêque Eustache du Lys, et la première pierre posée par la princesse Louise-Marie de Gonzague. L'obédience de la première supérieure, écrite en entier de la main de saint François de Sales, et un des bréviaires dont il avait coutume de se servir ont été conservés dans la Maison jusqu'à la Révolution.

C'est dans ce couvent que Gresset, qui composa à vingt-cinq ans, alors qu'il était régent de rhétorique chez les Jésuites, son poème de *Vert-Vert*, prétend qu'a été élevé le perroquet, héros de son élégant badinage. La peinture fidèle de l'intérieur d'un couvent, la malice des détails qui ne dépasse pas les bornes d'une décente et fine gaîté font que son petit poème peut être lu avec intérêt.

Les Visitandines durent quitter leur couvent à l'époque de la Révolution. Ce couvent devint un magasin à fourrages jusqu'au jour où les Sœurs de Charité, qui avaient résidé auparavant dans un bâtiment faisant face à la Chambre des Comptes, et qui, pendant la Révolution, avaient été admirables de dévouement pour les pauvres et pour les malades, obtinrent en 1807, grâce à l'intervention de la mère de l'Empereur, le droit de s'installer dans les bâtiments de la Visitation, où elles sont encore. Quant aux Visitandines, elles occupent aujourd'hui un bâtiment moderne fort vaste, rue de Paris.

La chapelle de la Visitation, dans le goût italien, à sculptures tourmentées, n'a rien de remarquable.

La Porte du Croux *(Monument historique)*

L'ancien Nevers, étendant sur la campagne ses bosquets du Parc, les Minimes, au milieu de leurs jardins, l'Hôpital général, ses faubourgs du Petit-Mouësse et de Sainte-Vallière, était comme ceint à la taille, d'un cordon d'épais remparts dont la porte du Croux est le plus intéressant vestige. En sortant de la gare du chemin de fer, la vue de ce monument singulier vous invite à ne pas aborder *les beaux quartiers de la ville* géométriquement, par les avenues poudreuses et les squares bourgeois et vous attire. C'est comme une des agrafes de l'ancienne ceinture des remparts de Nevers et tout ce qu'on a de plus pittoresque en fait d'architecture militaire datant du quatorzième siècle.

La tour, à trois étages, sous laquelle est un passage qui conduisait de la ville dans la campagne, et qui était fermé par un boulevard de défense où se trouvaient la herse et le pont-levis, sur un fossé profond que remplissait l'eau d'un ruisseau, a été construite de 1393 à 1398. Un architecte nous révèle que des marques d'ouvriers existent sur les pierres. On trouve dans les archives municipales des comptes de tâcherons qui ont travaillé à son édification, ce qui prouverait qu'à l'époque de leurs travaux les ouvriers étaient *libres* autant que les ouvriers d'aujourd'hui.

On y voit en bas-relief (1593) les armes de Nevers et celles de Charles de Gonzague. Ce sont, d'une part, le lion et les billettes des armes de la ville, d'autre part, le blason des premiers Comtes, d'azur semé de billettes d'or, au lion de même armé et lampassé de gueules, brochant sur le tout. (Les couleurs de la livrée de Nevers étaient le bleu et le rouge en 1508. Le concierge de l'Hôtel de Ville recevait une robe de drap de ces deux

La Porte du Croux (Nevers)

couleurs avec un lion en or battu sur la
manche).

Un musée lapidaire a été créé par les soins
de la société savante, qui jouit de ce monument, dans les salles de la porte du Croux.

La Tour Goguin et la Tour Saint-Éloi

Sur les quais, à droite du pont de Loire,
c'est une chose que l'on voit de suite, la tour
Goguin, robuste mais sans élégance dans sa
grosse carrure s'étale sans souci des inondations de la Loire. Elle ressemble aujour-
d'hui à un pigeonnier d'énormes proportions.
Jadis, elle faisait partie des murs de défense
qui entouraient Nevers ainsi que la porte du
Croux et la tour de Saint-Eloi.

Cette dernière se tient ferme au bord de la
Nièvre, avec ses machicoulis et ses embra-
sures à couleuvrines, dans un jardin de la
rue du Rivage.

La Porte de Paris

Des sept portes de l'enceinte construite par
Pierre de Courtenay, il ne reste plus que la
porte du Croux. L'ancienne porte de Paris,
des Ardilliers ou Artilliers (nommée ainsi
parce que le tir à l'arquebuse en était proche),
a fait place à un arc de triomphe. Quant aux
vieilles portes Saint-Didier ou du Parc, du

Pont-Cizeau, de la Barre, de Loire et de Nièvre, elles ont disparu successivement.

La plate-forme de la porte de Paris qui eût dû, d'après l'architecte supporter un trophée, est *ornée* des deux lettres colossales R F en fer qui fait qu'on s'imagine, quand on les aperçoit seules en l'air, sans se rendre compte de l'objet sur lequel elles sont appliquées, voir les initiales de quelque négociant qui surmontent *un grand magasin*. A ces armoiries détruites par la Révolution ont succédé des affiches multicolores.

Cette porte fut élevée en 1746, en l'honneur du maréchal de Saxe, après la victoire de Fontenoy. Sur une des parois intérieures, on lit la date de la construction, le nom du Roi, le nom du duc de Nevers, les noms des échevins et des artistes. Sur l'autre paroi, sont les vingt vers payés à Voltaire, historiographe du Roi, cent louis. M. E. Montégut déclare que, s'il est des communards dans la Nièvre qui éprouvent, un jour, le besoin de démolir quelque chose, on pourra, sans que les arts y perdent rien, leur concéder cet arc de triomphe comme os à ronger.

Le Palais du Bailliage

De tous les points de la rue du Commerce, les regards sont attirés par la tour où est placé l'horloge. Les habitants de Nevers, avaient demandé à Philippe de Bourgogne la permission d'élever sur le bâtiment, construit à cet endroit, dont l'étage inférieur servait de halles et l'étage supérieur de palais au bailliage, une tourelle où pût être placée une horloge. La tour fut bâtie par Jean des Amognes, architecte (1401-1402), et l'horloge y fut mise, après maintes vicissitudes que révèlent les archives communales.

C'était là que siégeaient les officiers composant le bailliage et pairie de Nevers. Ces officiers étaient, en 1789, MM. Guillier de Mont, lieutenant général, Vyau de la Garde, assesseur, Bert de la Bussière, lieutenant particulier, Camuzet, Lempereur de Bissy, conseiller, Gautier, premier avocat général, Chaillot de la Chasseigne, procureur général.

Les audiences étaient divisées en audiences de Pairie pour juger les appellations des juges inférieurs ; audiences pour expédier les causes du Bailliage qui avaient été portées en première instance par devant le lieutenant général, comme celle des prêtres, gentilshommes et habitants de la ville de Nevers et de la banlieu ; audiences pour expédier les causes du domaine de Monseigneur le Duc. Il y avait quatre assises du Palais par an.

Sous le Palais se trouvaient encore, en 1789, les bancs de boucherie qui rapportaient au Duc 680 francs environ par an.

On montait aux salles de justice par un double escalier. D'après l'acte de vente con-

senti par Mme de Cossé-Brissac, née Mancini-
Nivernais, devant Péan de Saint-Gilles, notaire
à Paris, le 25 ventôse an 9, ce bâtiment con-
sistait « en une halle où étaient les étales des
bouchers, un magasin attenant un autre
magasin, dit le Poids de la Ville, et une vinée
y attenant; chambre du conseil en haut,
chambres et cabinets où se trouvaient les
greffes, la grande salle des Pas-Perdus, autre
salle où se donnaient les audiences publiques,
cabinet et chambre où se tenaient les conseils... » Cette description de main de notaire
suffira pour vous instruire de ce qu'était ce
bâtiment aujourd'hui très démocratiquement
habité. Vous pouvez vous dispenser d'en
visiter l'intérieur.

PRINCIPALES RUES
PLACES ET PROMENADES

(D'ORIGINE ANCIENNE)

Rue de l'Embarcadère, place de la Halle, rues du Rempart et Saint-Martin

Qu'on nous pardonne si nous mentons au titre de ce chapitre, en parlant d'abord de la rue de l'Embarcadère, à propos des rues d'ancienne origine ; mais nous ne faisons qu'y passer et il faut bien vous attendre là, touriste, car vous ne viendrez vraisemblablement pas autrement qu'en chemin de fer.

Contrairement à ce qui a lieu pour l'arrivée par chemin de fer dans bien des villes, vous avez en débarquant à Nevers, sans être tenu de traverser des faubourgs malpropres, l'assurance que vous entrez dans une ville gaie, animée, claire et propre, et de cette remarque que vous faites d'abord, vous éprouvez un premier plaisir.

La gare du chemin de fer P.-L.-M. est installée sur des terrains jadis vagues et marécageux. Aujourd'hui, entrer à Nevers par la rue de l'Embarcadère, c'est aborder la ville par un de ses beaux côtés. Cette rue a été formée en 1849 par le prolongement à travers des jardins, de l'ancienne rue de la Passière, de l'abattoir ou tuerie.

Vous arrivez sans fatigue sur la place de la Halle. Cette place s'étend sur l'emplacement de l'ancien Hôtel-Dieu, de l'église Saint-Didier et de son cimetière.

Le grenier à sel se trouvait à l'angle droit de la rue Saint-Martin. Le bas de la place était affecté autrefois au marché aux bêtes. Et là aussi se dressaient les potences pour les gens condamnés à être pendus.

A l'entrée de Marie d'Albret, en 1458, les échevins y firent représenter la moralité de Joseph d'Egypte. En 1592, c'est un feu de joie qu'on y fît, pour célébrer la sortie de prison de Madame de Longueville.

Cette place s'est appelée successivement place du Marché aux bestes, du Marché au blé, place Desaix, place de la Mission (1817-1830). On y plaça la croix de la Mission sous la Restauration.

Deux rues y aboutissent, la rue du Rempart, la rue Saint-Martin. La rue du Rempart vous conduit en face de la Préfecture et près de la Porte de Paris. Vous longez, à votre gauche, un quartier neuf, où était il y a quelques années l'ancienne caserne ; à votre droite, un mur de la Visitation.

La rue Saint-Martin conduit à la place Saint-Sébastien. A gauche, vous trouvez d'abord le couvent de la Visitation, puis un terrain, couvert de tas de cailloux et de dépôts de pierre cassées, en attendant une destination plus sérieuse sans doute. Là, était, il y a quelques années, le logement des gendarmes, installés dans l'ancien monastère de Saint-Martin, dont la tour a servi longtemps à placer le Guet ou sentinelle de la Ville.

Rien ne subsiste plus aujourd'hui du monastère de Saint-Martin. Ce monastère, d'une origine fort ancienne, avait été dépouillé et abandonné sous le gouvernement de Charles Martel ; il fut rétabli sous les Carolingiens. En 1630, les religieux qui l'occupaient s'appelaient Chanoines-Réguliers. Ils faisaient partie de la congrégation de Sainte-Geneviève à laquelle ils appartenaient encore en 1789.

Saint Jérôme, évêque de Nevers, fut inhumé en 848 dans l'église de Saint-Martin.

La bibliothèque du monastère était fort riche et publique pour les jeunes gens qui se destinaient à l'état ecclésiastique.

L'évêque de Nevers, élu, devait arriver à cheval à l'abbaye de Saint-Martin, y entrer à pied, y souper avec quelques personnes de sa suite et y coucher la veille de son entrée solennelle. C'est de là qu'il partait porté par ses quatre barons, pour se faire recevoir dans la Cathédrale.

Le dernier prieur de Saint-Martin fut élu député aux Etats-Généraux pour le Clergé.

En 1791, les membres du Directoire du département tenaient leurs séances dans cette maison des Chanoines Réguliers de Saint-

Martin. *Messieurs de la Garde nationale* y faisaient alors célébrer tous les dimanches et fêtes à midi, par leur aumônier, une messe à laquelle assistaient aussi MM. les membres des corps administratifs.

Aujourd'hui, il ne reste plus rien ni de l'église paroissiale de Saint-Martin, ni de l'abbaye, ni de la maison abbatiale.

La rue Gambetta, autrefois rue d'Orléans sous l'empire, rue Lafayette en 1848, rue de Bourbon sous la Restauration, traverse l'emplacement du sanctuaire. C'est lors de l'ouverture de cette rue que l'église fut démolie, victime du culte de la ligne droite.

A droite de la rue Saint-Martin, en face du couvent de la Visitation, habita, au commencement du XVII⁰ siècle, un homme dont la destinée fut bizarre, Henri de Lagrange, marquis d'Arquien. Il était attaché au service de Charles II, duc de Mantoue et de Nevers. A la mort de Charles II, la princesse, sa fille, qui était devenue reine de Pologne, emmena comme dame d'honneur la seconde fille du marquis d'Arquien, qui devait devenir, à son tour, reine de Pologne. Saint Simon dit du marquis d'Arquien : « Il fut homme d'esprit, de bonne compagnie et fort dans le monde... il avait épousé (en secondes noces) une de la Châtre qui lui laissa un fils et cinq filles dont deux se firent religieuses. Embarrassé de marier les autres, il se laissa persuader par un ambassadeur de Pologne, avec qui

il avait lié grande amitié, de les établir en ce
pays-là... »

L'une d'elles était cette dame d'honneur
de la reine de Pologne, Marie-Casimire d'Arquien, qui, après avoir été aimée du grand
maréchal Jean Sobieski, épousa Jacob Radziwil,
prince de Lamoiski, paladin de Saudomir,
qui la laissa bientôt veuve, puis devint la
femme de Sobieski, alors grand hetman, qui
fut roi de Pologne.

« La reine de Pologne, (que son mari appelle
dans ses lettres : ma bien aimée Mariette,
seule joie de mon âme,) ne fut pas à beaucoup près, dit saint Simon, si française que le
roi, son mari... elle inspira au roi une conduite sordide dans ses dernières années qui
l'empêcha d'être regretté. »

Nous devons faire remarquer que cette
appréciation de saint Simon est contredite
par plusieurs auteurs qui vantent l'âme toute
française de cette princesse.

Après la mort de son mari, Marie-Casimire
revint en France. Elle voyageait en bateau et
allait à Blois, quand la mort la surprit subitement, le 30 janvier 1716. Elle fut inhumée à
Varsovie.

Quant à son père, il reçut du pape Inno-
cent XII le chapeau de cardinal. C'est ce singulier cardinal qui se vantait de ne jamais
lire de bréviaire. « Il fut gaillard, dit saint
Simon, et eut des demoiselles fort au-delà de

cet âge (quatre-vingt-deux ans), ce que la reine, sa fille, trouvait fort mauvais. »

Dans l'abbaye de Saint-Martin est mort, le 16 septembre 1672, Casimir de Pologne, qui avait épousé la veuve de son frère, Marie de Nevers. L'histoire de ce prince présente toutes les inconstances de la fortune due surtout à celles de l'âme qui distinguent maintes existences de princes polonais, dont le type accompli est Wladislas, qui fut inhumé à Dijon, après des aventures extraordinaires : Courage et exaltation romanesques, résolution soudaines et dont la cause échappe, générosités incompréhensibles, paraissant inspirées par l'ivresse, se rencontrent à un degré plus ou moins grand chez tous ces princes polonais. Casimir, après avoir été jésuite, roi de Pologne, après avoir livré cinquante-trois combats, presque tous heureux, après avoir été cardinal, mourut simple abbé de Saint-Germain-des-Prés et de Saint-Martin de Nevers.

Dans la rue Saint-Martin, se trouve l'hôtel de la subdivision militaire. C'est un beau bâtiment, donné à la ville de Nevers par M. de Vertpré, et qu'elle loue à l'administration de la guerre.

Place Saint-Sébastien et rue du Commerce

A l'extrémité de la rue Saint-Martin est la place Saint-Sébastien, anciennement place du Marché de la Revenderie et primitivement place du Marché au Blé. Elle tire son nom d'une chapelle qui fut fondée par Simon Carimantrand et qui s'appelait, en dernier lieu, Chapelle Saint-Sébastien, près de la place dite des Quatre-Vents.

Au XVIe siècle, la peste ayant ravagé la ville pendant deux ans et demi, les échevins firent à Saint-Sébastien le vœu d'une chandelle de cire qui serait aussi longue que l'enceinte de Nevers. La bougie, qui fut faite en accomplissement de ce vœu et qui fut promenée dans la ville le 21 janvier 1564, avait 1720 toises de longueur. (Pendant la prison du roi Jean, le prévôt des marchands de Paris en avait présentée une à Notre-Dame, aussi longue que Paris avait de tour). En 1790, on voyait dans l'une des chapelles de l'église Saint-Arigle, de Nevers, une bougie semblable qui avait été renouvelée en 1584, 1619, 1673 et 1732.

La rue du commerce, qui aboutit à la place Saint-Sébastien portait, jusqu'au commencement de ce siècle, différents noms : rue de la Coifferie depuis la place Saint-Sébastien jusqu'à la place Saint-Père, aujourd'hui place Guy-Coquille, rue de la Tonnellerie, depuis cette dernière place jusqu'à la rue des Ardilliers.

M. E. Montégut dépeint ainsi cette rue : « Une longue rue marchande, qu'il faut parcourir dans toute son étendue, car elle a vraiment du caractère. Avec ses maisons, d'un dessin net et sec et d'un ton brun légèrement enfumé, elle n'est ni jeune ni vieille, et ressemble à une bourgeoise bien posée, qui a eu de la beauté et qui garde encore du charme, qui ne date pas d'hier précisément, mais pour qui aujourd'hui existe encore. » Elle était bordée, au XVIIIᵉ siècle, de boutiques de médiocre apparence et mal construites, mais était remuante et d'aspect gai. Elle s'est embellie au sens moderne, mais sans trop perdre de son caractère.

Place Guy-Coquille. — (*Synagogue*).

La place que vous trouvez à votre droite, en suivant la rue du Commerce, dans la Direction de la Porte de Paris, est la place Guy-Coquille. Avant de porter le nom de cet illustre jurisconsulte nivernais, elle s'appelait place Saint-Père ; elle fut désignée, en 1793, sous le nom de la place de la Liberté. Là, s'élevait l'ancienne église Saint-Père où fut enterré Guy-Coquille. On y tient un marché aux légumes. Après avoir parcouru la rue du Commerce, vous pourrez vous aventurer, pour y passer seulement, dans les rues de la Revenderie, du Fer, des Juifs, où se remarque une maison dite la Synagogue.

Place de la République, autrefois place Ducale, et place des Récollets. — Chambre des comptes. — Oratoire. — Évêché. — Maison d'Adam-Billaut.

La place de la République est en face du Château. C'est une vérité frappante à tous les yeux, que cette place serait une des plus belles de France, si l'on abattait les maisons qui masquent la vue de la Loire et si l'on établissait une terrasse avec escaliers pour descendre sur les quais. Un duc avait compris cela en 1590, puisqu'on voit au musée céramique le projet de cet embellissement dans une vieille estampe de l'époque. Fouché, qui en sa qualité de commissaire de la Convention, avait le pouvoir de faire tomber les têtes, les bâtiments gênants pour la circulation, les clochers et généralement tout ce qui était de nature à déplaire à la Nation, eût été approuvé des gens de goût s'il eut mis à exécution le projet qu'il avait conçu de dégager la place du côté de la Loire.

C'est le duc Charles II de Gonzague qui créa la place Ducale, en 1608. L'emplacement qu'elle occupe était, auparavant, couvert de maisons et traversé par plusieurs rues, la rue du Four, la rue Chaude, réservée exclusivement *aux femmes qui couraient l'éguillette et faisaient folie de leur corps*. Les maisons de cette place étaient à pignons dentelés, sur le modèle de celles de la place Royale de Paris.

La place du Château prit successivement les noms de place de la Fédération, 1789, place de la Révolution 1791, place de la Constitution 1793, place Brutus, 1793, place Marengo sous le Consulat, place Ducale sous le premier Empire et les règnes suivants, place de la République (1848), place Ducale sous le second Empire ; depuis quelques années seulement, on la désigne sous le nom de place de la République.

A l'endroit où s'élève aujourd'hui la fontaine monumentale du sculpteur Lequesne, la guillotine fut montée durant la Révolution. Deux prêtres y furent guillotinés en raison de faits politiques. Ils avaient été condamnés par le tribunal criminel *jugeant révolutionnairement* en vertu d'arrêtés de représentants en mission, Lefyot et Noël Pointe.

La place du Château fut le principal théâtre de cette série de fêtes nationales derrière lesquelles il y eut, d'abord, une inspiration patriotique, puis, dans les derniers temps, plus rien qu'un enthousiasme d'habitude et de commande. Nous décrirons seulement celle au bout de laquelle il ne semble plus qu'il reste rien à désirer en fait de cérémonies de ce genre.

Le 10 août 1793, on pouvait voir le cortège suivant se dérouler : en tête, la compagnie des canonniers suivie de son artillerie, puis la Société populaire portant sa bannière, *une masse de républicaines* toutes vêtues de blanc avec

ceinture tricolore, un groupe de jeunes enfants tant de la ville que des hôpitaux *dits
enfants naturels de la patrie*, avec une bannière tricolore portant d'un côté : République
française, de l'autre, Espérance de la Patrie ;
une musique nombreuse et guerrière, une
arche triomphale découverte, sur laquelle
étaient les tables de la loi, le tout, porté par
deux citoyens de la ville, les plus âgés, ayant,
chacun à leurs côtés, deux jeunes enfants de
l'un et l'autre sexe ; l'arche triomphale ayant
quatre écharpes aux trois couleurs, tenues
par le Président du département, celui du
district, le maire et le président de la Société
populaire ; ensuite tous les membres des corps
constitués, sans distinction de rang, autour
de l'Arche constitutionnelle, tenant, chacun
d'une main, un paquet d'épis de blé et de
l'autre un lien léger mais indissoluble de
feuilles de chêne ; la garde nationale sur un
double rang. Le cortège est fermé par le corps
de la cavalerie. Derrière, suit un tombereau
traînant des chaînes brisées et un tapis par-
semé de fleurs de lys auquel sont attachées
les dépouilles des attributs de la royauté et
les hochets de l'orgueilleuse noblesse, avec
une inscription portant ces mots : « Voilà ce
qui a toujours fait les malheurs de la société
humaine. »

Sur la place s'élève l'autel de la Patrie entouré de chaque compagnie de la garde nationale. L'arche triomphale est placée à droite

de cet autel. La foule fait face au château.
Quatre colonnes à la Romaine forment un
portique. Sur les deux bouts de la corniche
sont placés des trophées de guerre et au
milieu un œil rayonne surveillant l'univers.

Au milieu des quatre colonnes est un rocher
aux côtés duquel siègent les gens de l'Egalité
et de la Liberté, l'un, tenant un niveau, l'autre
une pique surmontée du bonnet et tous les
deux présentant, de l'autre part, au Peuple
ses droits et ses devoirs.

A leurs pieds, sont deux cornets d'abon-
dance, l'une prodiguant des feuilles de chêne
et l'autre des épis de blé ; à leurs côtés, sont
des cassolettes où brûlent des parfums ; au-
dessus de leurs têtes plane la Renommée,
décorée de l'écharpe tricolore, tenant d'une
main sa trompe, de l'autre une couronne
civique et un rouleau déployé avec une inscription annonçant le sujet de son message.
Entre les deux colonnes, à droite, est placé
un Hercule représentant la force tenant d'une
main sa massue. Entre les deux colonnes, à
gauche, est placé un soldat vêtu à la romaine,
représentant le Dieu des armées ; au bas de
chaque colonne sont des inscriptions, les
unes dédiés aux seules divinités de la France,
les autres faisant allusion à l'abolition de la
Royauté et au ressouvenir du tyran.

C'est sur le rocher que les quatre présidents
ont placé les tables de la loi. Du rocher
jaillit l'eau pure et salutaire dont boit,

tour à tour, le membre le plus ancien de chaque corps et de chaque députation. A chaque fois qu'un commissaire boit, les tambours annoncent au Peuple la consommation de l'acte de fraternité; une seule coupe sert pour tous. Le Président, après avoir, par une espèce de libation, arrosé le sol de la Liberté, boit le premier et fait passer la coupe au commissaire le plus proche de lui, en lui donnant le baiser de fraternité; la coupe passe successivement entre les mains des divers commissaires. Cet acte consommé, le Président porte la parole au Peuple et termine son discours en prononçant, à haute et intelligible voix, le serment sacré de l'unité et de l'indivisibilité de la République; le serment prononcé, tous les citoyens, par un mouvement naturel, ont répété : « Je le jure ».

Le serment fait, une salve générale d'artillerie accompagnée du roulement des tambours mêlés de cris d'allégresse se fait entendre. Puis, le Président ayant pris les tables de la Loi, les remet entre les mains du citoyen le plus âgé et de l'enfant le plus jeune, et, portant la parole, dit : « Je remets le dépôt sacré de la Constitution sous la sauvegarde de toutes les vertus ». On porte ensuite les tables en triomphe sur l'autel de la Patrie et les embrassements mutuels répétés terminent cette séance touchante.

A part les réceptions guerrières et d'un

assez beau caractère du général Bonaparte à Nevers, nous n'avons trouvé en fait de fêtes publiques rien qui se rapproche de cette fête par le côté pittoresque.

On planta sur la place du Château trois arbres de la liberté, deux chênes et un peuplier qui vécurent peu de temps.

Par une des percées qui donnent vue sur la Loire, vous pouvez vous avancer suffisamment pour jouir du coup d'œil qu'on a de là sur le fleuve. Le pont de pierre, la jonction du canal latéral à la Loire, les hautes cheminées d'une *brûlerie*, fabrique de colle et d'engrais chimiques, les travaux d'art qui ont été élevés à l'embouchure de la rivière de Nièvre, les fumées de l'usine d'Imphy, dans le lointain, des coteaux boisés, composent un paysage clair et gai qui se réfléchit dans le miroir des eaux, trop souvent terni par les crues.

La circulation des voyageurs sur les quais et sur le pont, l'animation qu'on ne perçoit que par la vue, alors qu'on a derrière soi le silence de la vie bourgeoise du quartier ducal vous sembleront des choses charmantes, vues de cette terrasse.

Si, de la place de la République, vous faites une pointe dans la rue de l'Oratoire, vous passerez devant l'ancienne Chambre des comptes des ducs de Nevers, appartenant aujourd'hui à des particuliers. La rue s'appelait anciennement rue des Rétifs. La Chambre des comptes installée dans un bâtiment du

XVᵉ siècle, était le grand ressort de l'administration ducale à laquelle était confiée la gestion des affaires du Duché, perception des droits féodaux, ventes des bois, fermages, cessions d'offices, intérêts territoriaux, etc. Un procureur général la dirigeait. A la fin du XVIIIᵉ siècle, le procureur général était un avocat parisien qui devint le meilleur niverniste de son temps, l'auteur de ce livre précieux, *les Archives de Nevers*, Parmentier.

Un peu plus bas se trouve l'Oratoire.

Les oratoriens furent appelés à Nevers par l'archevêque d'Auch, Léonard des Trappes, né à Nevers. Leur église fut bâtie en 1680. Elle n'offre rien de remarquable.

Le séminaire avait été établi à l'Oratoire par l'évêque Edouard Vallot; mais la direction du Séminaire ayant été donnée ensuite aux Jésuites, il fut transféré à Saint-Sauveur.

C'est dans l'église de l'Oratoire que se réunit la société populaire de Nevers pendant la Révolution. Cette Société populaire fut très remuante : Fouché choisit parmi ses membres plusieurs des citoyens dont il composa la Commission temporaire de Lyon. De toutes les institutions républicaines de Nevers, ce club seul fut animé d'un fanatisme vraiment révolutionnaire. Il prôna la fédération de toutes les sociétés populaires du département et organisa cette union. Avec un soin particulier, il veillait à la célébration de toutes les fêtes de l'Être suprême, ainsi qu'à la

publication des hymnes patriotiques. Il arrête
un jour que tous ses membres se rendraient
au Parc, munis de tous les instruments nécessaires pour y élever la Montagne. Il écrit aux
armées de la République : « Soldats français,
vous faites tomber les têtes des ennemis,
nous ferons tomber les têtes des conspira-
teurs sous le glaive de la Loi ». Il veut que
la Convention décrète le principe de l'élection pour le choix de tous les mandataires
de la République, receveurs de l'enregistre-
ment, imprimeurs, ingénieurs, receveurs,
commissaires des guerres, notaires, etc.

Si l'on prend la rue conduisant à l'Évêché,
ancienne rue Saint-Jean, vous vous trouvez
en face de la grille élégante du palais épiscopal qui est un vaste logis entre cour et jardin.
Il fut construit vers 1760 par l'évêque Tinseau
à la place du palais élevé par l'évêque Philippe de Clèves. Avant le rétablissement du
siège épiscopal, il a servi successivement de
siège au Directoire du département, puis de
préfecture, Nevers a été attaché au siège
épiscopal d'Autun, depuis le Concordat (jusqu'en 1823). Les armes que l'on voit au-dessus
du portail sont les armes de Mgr Charles de
Douhet d'Auzers (1829-1834).

Dans une rue, au bas de la place de la
République, on remarque la modeste maison
du poète Adam-Billault qui était menuisier. Il
avait acheté sa petite maison, grâce aux
libéralités de Richelieu qui, en outre, lui

donna *un vestement neuf et une pension de cent écus.*

Près du palais Ducal, se confondant avec la place de la République, s'étend la place des Récollets. Le couvent et l'église des Récollets avaient été construits près du petit château de Gloriette (Gloriette, en langue romane, veut dire petite maison de plaisance).

L'Eglise des Récollets a été détruite quelque temps après la Révolution. Elle avançait sur l'emplacement actuel de la place des Récollets.

Dans la bibliothèque des pères Récollets se tinrent, en 1788, les premières séances de l'Assemblée provinciale du Nivernais. Grâce au Duc de Nivernais, la province avait obtenu cette assemblée particulière dont les premiers travaux de réorganisation du pays, sous l'inspiration de l'évêque de Séguiran, furent aussitôt interrompus par la Révolution. C'est dans l'église des Récollets que se tint l'assemblée des trois Ordres du bailliage du Nivernois et Donziois, le 14 mars 1789.

« Il n'y a jamais eu, à Nevers, d'assemblée aussi belle que celle du 14 mars 1789, » écrit à l'intendant du Duc, le procureur général Chaillot de la Chassaigne. L'église était entièrement garnie des Trois Ordres, depuis l'autel jusqu'au fond de la nef.

Les députés aux Etats généraux qui furent nommés, étaient, pour la noblesse, le comte de Damas d'Anlezy, qui, aussitôt démissionnaire, fut remplacé par le marquis de Bonnay, et le comte de Séreut. Le premier de ces députés eut, comme président de l'Assemblée constituante, puis pendant l'émigration, enfin sous la Restauration, un rôle considérable. Le comte de Séreut, qui devait mourir en Vendée, joua également un rôle important à l'Assemblée constituante.

Les députés du Clergé furent Mgr de Séguiran, président de l'assemblée provinciale, qui mourut quelques jours après son élection, et l'abbé Fougère, curé de Saint-Laurent, Dom Pécat de la Renne, prieur, curé de Saint-Martin, prit comme député-suppléant, le siège de Mgr de Séguiran. L'abbé Fougère, arrêté le 17 août 1792, fut massacré le 3 septembre suivant. Enfermé dans le séminaire de Saint-Firmin, à Paris, il fut précipité d'une fenêtre dans la rue sur les piques des massacreurs.

Les députés du Tiers-Etat furent MM. Gounot, Marandat d'Oliveau, Parent de Chassy et Robert.

En face des Récollets se trouvent de vastes bâtiments où étaient les Prisons. Un concierge de ces prisons de la rue des Rétifs, nommé Sabathier, devenu général sous le nom de Scevola Sabathier, commit en Vendée des atrocités de toutes espèces. Le séjour des prisons de Nevers au XVIIIe siècle était abominable : la paille humide des cachots était le seul lit des prisonniers dans le sens matériel du mot.

Le Parc.

Le Parc, à l'entrée duquel s'élevaient les logements des jardiniers, ne contenait, avant 1767, qu'un carré long, c'est-à-dire l'espace s'étendant aujourd'hui jusqu'à la grande allée du milieu, et compris au plan de Levermé dont parle M. de Saintemarie. La partie haute était en vignes.

Le Parc appartenait au duc de Nevers.

En 1614, le vieux maréchal de Montigny, François de la Grange d'Arquian, grand-oncle de cette Marie Casimire qui devint reine de Pologne, sur les ordres de Concini, maréchal d'Ancre, vint assiéger Nevers, défendu par l'énergique Catherine de Lorraine qui tenait pour le parti des Guise. Durant ce siège, qui fut de seize jours, on coupa les arbres pour entretenir les feux de bivouac ou parce que ces arbres constituaient un obstacle aux travaux d'attaque. Sur ce fait de guerre dont Adam Billault fait remonter la responsabilité à Concini,

...... ce monstre qui fut la pâture aux corbeaux,

le poëte a gémi en vers indignés.

Le jardin des Ducs est le thême de nombreuses poésies d'Adam Billault. C'est, d'après lui, « un endroit où la nature admire son ouvrage, où le printemps renaît en mille endroits divers. » Il est clair qu'il faut se mettre en garde contre cette enflure du poëte. Les exagérations de langage sont communes aux écrivains de son époque, qui ne parlaient que de héros et de merveilles. Un de ses contemporains n'a-t-il pas dit, sans moquerie, s'adressant à Adam Billault ?

Un homme comme toi, Rome en eût fait un Dieu.

Mais on s'explique facilement l'admiration excessive d'Adam Billault pour le Parc, si l'on considère que sa protectrice, Marie de Gonzague, aimait l'ombre des grands arbres, sous lesquelles elle se faisait accompagner, dans ses promenades matinales, de son poëte favori et suivre, en même temps, d'une biche familière. Or, mettant ses admirations à la hauteur du culte qu'il entretenait pour sa protectrice, il ne pouvait manquer d'exagérer les charmes du site que celle-ci affectionnait.

Le Parc, comme tout ce qui existait à Nevers à la fin du XVIIIe siècle, pour le plaisir des yeux et l'agrément des habitants, était fort négligé par son propriétaire. Il fallut que le Duc de Nivernais, étant venu à Nevers, un désir fut exprimé par Mesdames de Maux et de Prunevaux; « qu'un mot, dit agréablement M. de Saintemarie, sorti de la bouche d'une jolie femme, fût accueilli par la galanterie d'un seigneur », pour qu'aussitôt Levermé, architecte, reçut l'ordre d'agrandir le Parc. **Un jardin dans le genre anglais, dut faire place à la vigne cultivée dans la partie haute.**

Ce fut ce jardin nouveau que les autorités révolutionnaires choisirent pour théâtre de leurs fêtes de la Nature. On éleva une Montagne précisément à l'endroit où est aujourd'hui le kiosque de la musique militaire. On donna, en 1792, *une fête civique et funèbre* en l'honneur des citoyens morts le 10 août. Un autel avait été élevé pour y célébrer la fête des martyrs de la liberté, autour d'une pyramide qui se dressait dans un semis de Sainfoin.

Une fois ces choses disparues, le lieu resta désert et fort dégradé.

En 1814, les troupes Wurtembergeoises y campèrent.

Lors de la guerre de 1870, des troupes françaises y séjournèrent. Leurs feux de bivouacs atteignirent les arbres et ont hâté la chute des plus vénérables d'entre eux.

Aujourd'hui, le soin qu'on apporte à l'entretien de cette promenade du Parc, est une preuve de la sollicitude de l'administration pour les enfants qu'on y conduit tous les jours et pour les dames de la ville qui s'y réunissent les jeudis et les dimanches, à l'heure de la musique militaire. C'est alors, sous les grands arbres, à l'endroit où fleurissait le sainfoin, cher à Chaumette, comme une prairie artificielle faite de chapeaux enrubannés, de plumes et de fleurs mêlées, de bijoux et de perles qui miroitent.

D'une sorte de plate-forme, à l'extrémité

haute du Parc, on jouit, sur les *Montapins*, le quartier de l'Embarcadère, la porte du Croux, la Cathédrale, le Champ de Tir, le Stand, les sables de la Loire, enfin, les coteaux de Sermoise, d'une vue très étendue.

Le vent vous y apporte les salves et le crépitement des feux de file des fantassins tirant à la cible, les roulements des tambours des nouvelles casernes, l'infernal fracas de ferraille, les hurlements furieux des machines à vapeur dont on peut suivre, à travers la campagne, les panaches blancs courant jusqu'à Saincaize. L'aspect du coteau des Montapins est charmant au printemps et en automne, soit qu'au printemps, et tout d'un coup, après une pluie bienfaisante, les jardinets plantés d'arbres fruitiers qui séparent les maisons blanches, se remplissent de fleurs comme d'une ouate blanche, soit qu'à la verdure un peu poudreuse de l'été succèdent, en automne, les tons dorés ou pourprés des vignes et des feuilles des poiriers.

Au sommet opposé du Parc, derrière le couvent de Saint-Gildard, s'étend le beau boulevard Victor-Hugo, sur lequel a sa façade une vaste Ecole normale pour les jeunes institutrices.

Le Pont de pierre. — La Loire

Un pont de bois existait en 1300. La reconstruction de ce pont, qui fut emporté

sans doute par une inondation, a donné lieu
à un fait fort important révélé par M. de
Flamare, archiviste de la Nièvre, dans une
brochure intitulée : « *Quelques actes de Phi-
lippe-le-Bel concernant le Nivernais* ». Il s'agit
d'un acte qui prouve le souci qu'eut ce prince
d'établir le pouvoir de son gouvernement
partout où il le pouvait. Un arrêt du Parlement confie la levée d'une barre de péage au
Bailly royal du Berry, pour le produit être
employé à la reconstruction du pont. Le
Prévôt de Saint-Pierre-le-Moûtier, siège alors
d'une simple prévôté, était chargé de l'exécution des clauses de l'arrêt, malgré l'opposition
du comte de Nevers.

Jusqu'en 1770, il y eut trois ponts se succé-
dant sur les divers bras de la Loire. Au milieu
du cours d'eau principal, était une île sépa-
rant le pont touchant à la ville (pont de Loire
proprement dit), d'un autre pont, dit Pont
Notre-Dame. Le pont de Loire était défendu
par deux tours à chaque bout. Le troisième
pont était à l'endroit où aboutissent les
levées. Il s'appelait le pont de l'Official. Ayant
été emporté par les eaux, il fut reconstruit
en 1670 sur l'ordre de Colbert. Les ponts subi-
rent toutes les avaries imaginables : tantôt
les piles étaient trop faibles, tantôt les
arches étaient trop étroites; les pierres ge-
laient. Il serait fastidieux d'énumérer tous les
accidents qui se sont produits lors de la
construction des ponts. En 1771, lors de la

chute d'une arche du pont, on enterre de
malheureux ouvriers dans la chapelle de
Sainte-Solange, autrefois de Sainte-Colombe,
qui était à l'extrémité du second pont. En
1790, un des ponts avait été entièrement emporté par les eaux. On avait même vu le lit de
la Loire déplacé pendant quelques années et
les eaux passant vers la maladrerie de Saint-
Antoine qui se trouve plus loin, sur la
grande route de Lyon.

L'expression populaire, *aller sur les ponts*,
s'explique tout naturellement par le souvenir
des anciens ponts.

Il faut parcourir les quais depuis le moulin
Saint-Nicolas jusqu'à l'Abattoir, en passant
devant le portail de Saint-Sauveur, sur la
place Mossé, devant la tour Goguin, la fabrique de porcelaine, sous le pont du chemin de
fer, jusqu'aux Abattoirs d'où vous embrassez
le cours du fleuve à travers la campagne.

La Loire « est le moins loquace et le plus
indolent des fleuves; soit qu'elle traîne des
eaux paresseuses sur son lit de sables alter-
nativement altérés ou noyés, soit qu'elle
submerge ses rives, elle traverse la vallée
comme étrangère au spectacle qu'elle bai-
gne. » Tel est le portrait de la Loire que fait
M. E. Montégut. Pour Victor Hugo, il veut
que les peupliers, qui s'alignent sans cesse
sur les bords du fleuve, soient bêtes comme
des rangées d'alexandrins monotones. Quant
à nous, constatons la riante modestie du

paysage et la douceur de cette verdure des saules qui caresse le regard de son éclat soyeux. Virgile eut adoré les rives de la Loire.

Le calme de la Loire, son indifférence, sont plus complets que jamais depuis que les transports par bateaux ou par radeaux ne se font plus au moyen de ce beau cours d'eau. Il y a quarante ans déjà que les quais de Loire ne sont plus égayés par l'arrivée du bateau à vapeur. Les mariniers ont disparu. Ce sont leurs joyeux ancêtres qui avaient baptisé les cloches de la ville de noms pittoresques, appelant la Grande Gueularde et la Sermonière celles de Saint-Cyr; la Long-diseuse, celle des Jacobins; la Babillarde, celle de l'abbaye. Ils avaient été les professeurs de ce Vert-Vert dont les jurons épouvantèrent tant les sœurs de Nantes, quand d'un ton de corsaire,

Las, excédé de leurs fades propos,
Bouffi de rage, écumant de colère,
Il entonna tous les horribles mots
Qu'il avait du rapporter des bateaux,
Jurant, sacrant d'une voix dissolue,
Faisant passer tout l'enfer en revue,
Les B..., les F... voltigeaient sur son bec;
Les jeunes sœurs crurent qu'il parlait grec.

La chapelle des mariniers ou de Saint-Nicolas était dans la cour du moulin Saint-Nicolas.

Vus de la levée, dite de Médine, les quais
sont pittoresques; c'est un fouillis composé
de coupes de logis bizarres, de modestes
boutiques enterrées dans le sol; au-dessus
s'étalent des terrasses supportant des jardinets; les escaliers se pressent dans un enche-
vêtrement singulier. Ce sont partout des
fenêtres baroques dans des murs malades,
aux flancs desquels se suspendent en fourrés,
les orties ou le lierre ; des loques multicolores séchant aux fenêtres ; des pots de
fleurs.

Les jours de fête, dans tout ce quartier de
Loire, la vie populaire se montre sous son
plus riant aspect à la porte des guinguettes,
autour des voitures publiques, près des
bateaux lavoirs. Les habitants de Nevers vont
en promenade *sur les ponts.* C'est un spectacle
agréable que celui de la foule endimanchée
quand le *vent de Loire*, déplaçant les plis légers
des robes, varie les reflets nuancés des étoffes
claires.

La terrasse couverte d'arbres que l'on voit
à l'entrée du pont, s'appelle place Mossé. Elle
doit son nom à l'habile ingénieur qui cons-
truisit les quais et les trottoirs. Elle occupe
l'emplacement de l'ancienne fabrique de
faïence dite de la Fleur de Lys.

Rue Saint-Genest

La rue Saint-Genest est le quartier des faïenciers. Là étaient l'église Saint-Genest et auprès l'abbaye qui avait été mise sous l'invocation de Notre-Dame et sous la règle de Saint-Colomban, et passa à la congrégation de Cluny en 1668, sur la demande de l'abbesse Gabrielle de Langeron.

Les bâtiments de cette abbaye servent de logement à des particuliers.

Les Nivernais, fiers de leurs ancêtres, ne nous pardonneraient pas, si nous passions sous silence le nom d'un des bienfaiteurs de ce couvent. Je veux parler de Hugues, seigneur de Meaulce, qui vivait vers 1250. La famille des seigneurs de Meaulce fut représentée par de vrais Burgraves, dont le souvenir donne une fameuse idée des chevaliers, du Nivernais du temps des Croisades. Philippe, grand-père de Hugues, vécut cent quarante ans et trois jours; Robert de Meaulce, fils de Philippe, avait sept pieds de hauteur, d'où lui vint son surnom de Baisse-Porte. Hugues était un terrible guerrier. Il fut fait prisonnier, en Egypte, par les Sarrazins. qui lui crevèrent les yeux *parce qu'il était homme de sorte de qui ils pouvaient avoir du déplaisir à l'avenir.* Saint-Louis paya sa rançon, le ramena avec lui et lui fit bâtir le château de Rochefort, près de Meaulce.

La décadence industrielle de ce quartier où avant 1789 existaient encore douze manufactures de faïence, date de l'époque de la Révolution. Si, en 1789, la porcelaine était déjà à la mode, le peuple s'accomodait encore des produits que lui livrait la fabrication peu coûteuse de la faïence. Par la Loire et le canal de Briare, on expédiait les faïences de Nevers, à Paris, en Picardie, en Beauce, en Normandie, à Nantes surtout d'où elles étaient exportées à Bordeaux, en Espagne, en Hollande, même en Russie.

L'introduction de la faïence anglaise, à la suite d'un traité avec l'Angleterre, l'élévation du prix des plombs et des étains, la rareté des bois secs qu'enleva l'inondation de 1789, des quais où ils étaient accumulés, le cours forcé des assignats, l'inefficacité des *billets de secours*, entraînèrent, sous la Révolution, la fermeture de six manufactures et la ruine des autres. Si vous faisiez un voyage d'information économique, je vous en dirais long, sur ce point, mais je vous le signale seulement puisque nous sommes convenus d'entrer partout sans nous renfermer nulle part.

NEVERS

EN 1759 ET PENDANT LA RÉVOLUTION

Nous espérons compter parmi nos lecteurs quelques Nivernais. Ceux-ci, au point de vue archéologique, connaissent parfois moins bien leur ville que certains étrangers. C'est spécialement à eux, qui en ont le loisir, que nous proposons de suivre un voyageur qui soit au milieu du XVIIIe siècle, soit en 1793, eût visité la ville.

Ce voyageur part en 1759 de la place du Marché aux bêtes, qui est aujourd'hui comprise dans la place actuelle de la Halle. Là, il visite l'Église Saint-Didier et l'Hôtel-Dieu. Puis il se promène dans le Parc, compris entre la rue Saint-Gildard, la rue du Parc actuelle et des vignobles. Il longe ensuite la rue du Rempart, formée en 1620 par la clôture des Visitandines qui laissèrent, à la demande des échevins, une certaine largeur de terrain devant les remparts. De longs murs moroses tiennent les curieux à distance. Sur l'emplacement qui va être occupé en 1777 par les casernes, (aujourd'hui détruites et remplacées par de jolies maisons neuves), sont des jardins. Derrière, s'élèvent les bâtiments des Minimes, entourés de leurs orangeries et de superbes enclos.

Ce voyageur arrive ainsi à la Porte de Paris qui vient d'être édifiée. Une vigne occupe l'emplacement de la Préfecture actuelle. Au-delà, sur le chemin de Paris est l'Hôpital général. Il s'arrête, s'il veut, pour boire du vin des Montapins, à la gentille auberge qui se trouve en face et sera bientôt le lieu de réuion fréquenté par les sous-officiers du Royal-Piémont qui résidera à Nevers pendant vingt ans.

Négligeant les quartiers où les lourds marteaux des portes repoussent les visiteurs non recommandés, quartiers muets bien habités, il s'arrête devant le collège des Jésuites, puis devant l'église Saint-Père, aux sculptures ésotériques, qui doit bientôt tomber de vétusté (1771).

Il descend jusqu'à l'Eglise Saint-Etienne, et, revenant sur ses pas, il entre dans la rue de la Coifferie, passe devant le palais du Bailliage où est l'horloge. (Les rues de la Tonnellerie et de la Coifferie ne feront bientôt plus qu'une rue, sous le nom de rue des Marchands). Là, chaque boutique est gaie avec le passant ; c'est la vie mercantile dans ce qu'elle a d'aimable.

Il remarque partout la familiarité polie des gens. Il a sûrement le plaisir de rencontrer quelque femme ou fille de fonctionnaire du Duché, dont la grâce le frappe. La solidarité

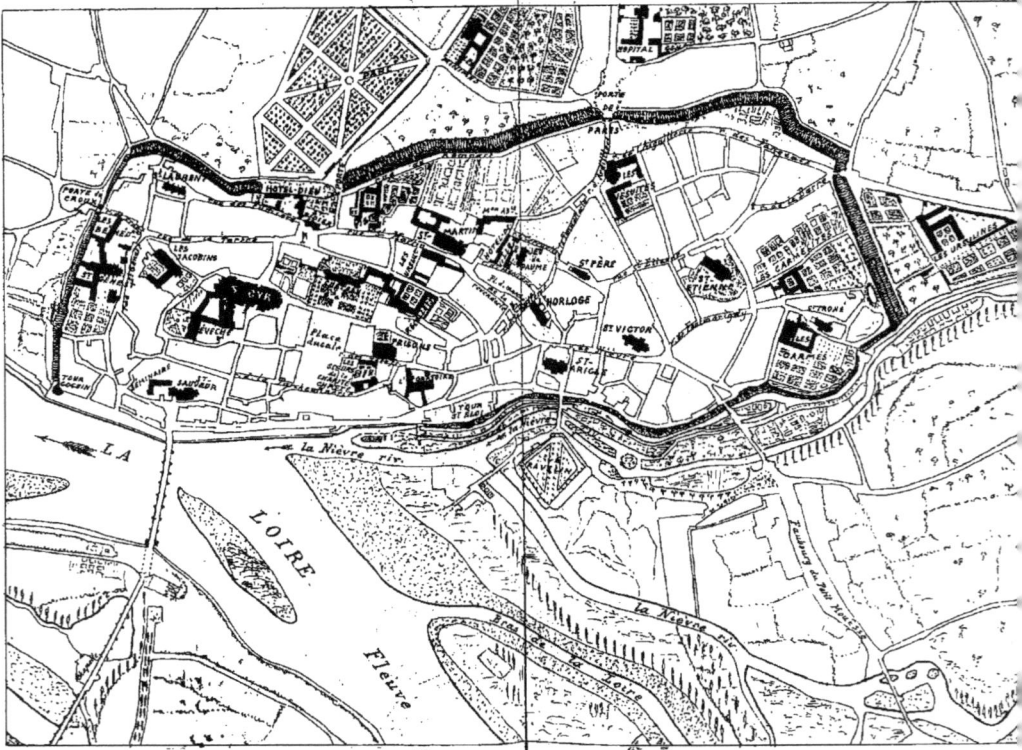

Plan de Nevers en 1750

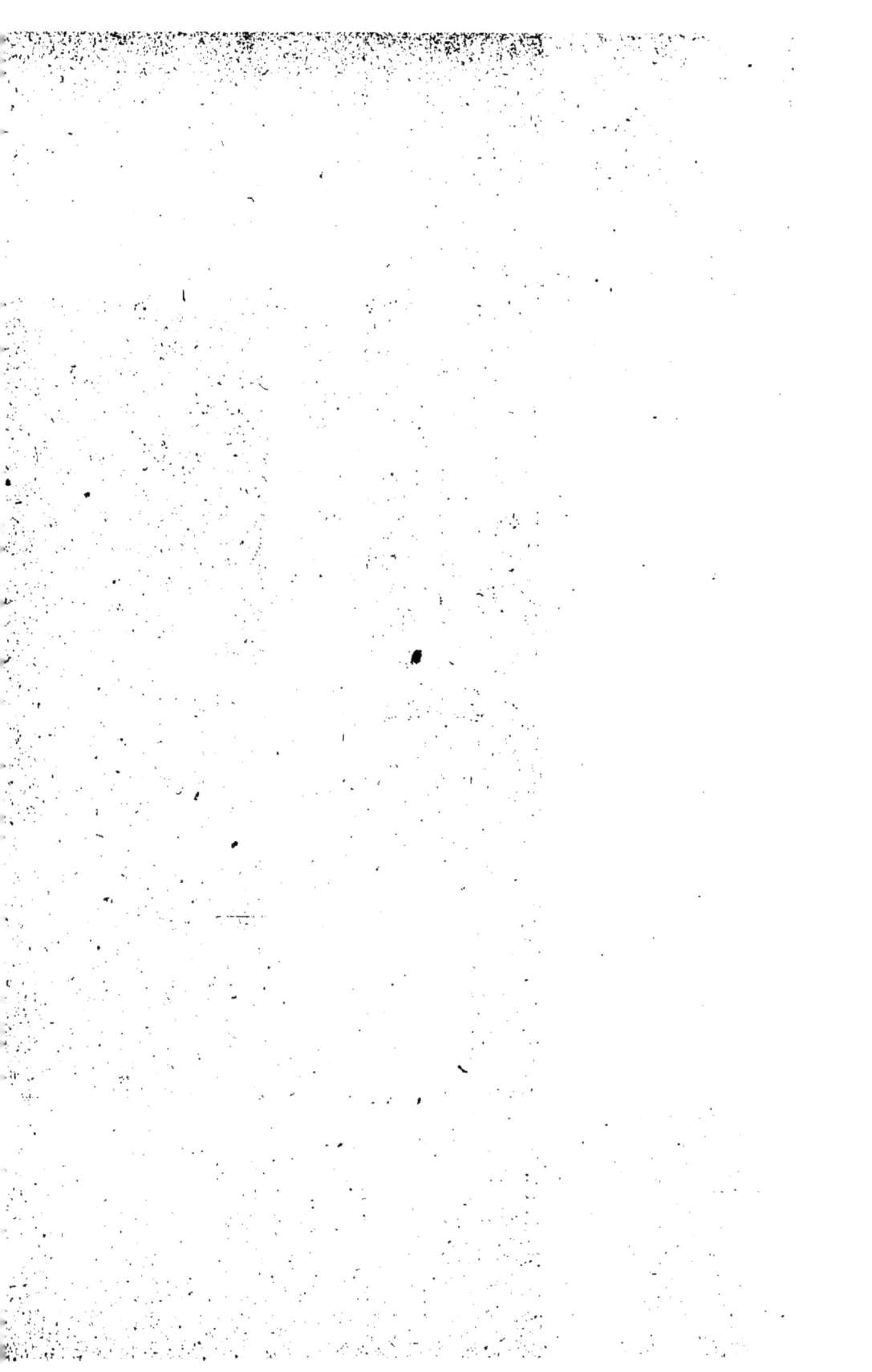

des souverains et des traditions existe encore :
tout le monde se connaît. L'époque démocratique n'est pas encore venue où chaque classe
se parquera, où les gens se rencontreront
mais ne se verront pas.

Il s'arrête devant les boutiques des librai-
res : on y lit la *Gazette de France* et celle *de
Hollande*, le *Journal de Verdun*, celui *de Tré-
voux*, celui *des Scavants*, le *Journal étranger*,
le *Moniteur français*, les *Annales typographi-
ques*, le *Conservateur*, le *Mercure de France*,
l'*Année littéraire*, de Fréron, la *Religion vengée*,
le *Journal de Médecine*, le *Journal encyclopé-
dique*. On y reçoit des ouvrages de piété chaque
mois.

Il prend ensuite la rue des Merciers ou du
Jeu de Paume. Là, entre cette rue et celle des
Cercueils, se pressent le jeu de paume, l'hôtel
de ville (sur l'emplacement actuel de la suc-
cursale de la Banque de France), la maison
Abbatiale de Saint-Martin.

Puis, il gagne la rue Saint-Martin ; là, se
montrent, à sa droite l'église et l'abbaye de
Saint-Martin avec de grands jardins, puis, la
Visitation.

Revenu ainsi place du Marché aux bêtes, il
gagne la place Ducale. D'un côté, il voit la
Cathédrale dont l'élégante masse, ornée de
sculptures flamboyantes, atteste la vivacité
des sentiments religieux des habitants ; d'un
autre côté, il voit l'emplacement du vieux
château, occupé par les écuries du Duc, et

7*

des jardins ; le château ducal, puis le petit
château, ayant la physionomie propre aux
choses délaissées, car l'administration ducale
est assez morne et la présence du duc anime
rarement la ville ; plus loin, l'église et le couvent des Récollets, en face, la prison et la
Chambre des comptes du Duché.

Il évite les rues étroites, humides et mal-
saines, s'amuse à lire les enseignes curieuses qui abondent, et descend au quartier de
Loire où se trouve l'hôtellerie *du grand mo-
narque*.

En se promenant sur les ponts, il comprend
pourquoi Nevers a été surnommée la *Ville
pointue*. Il a sous les yeux les trente clochers de la ville qui seront presque tous
abattus par la Révolution, les clochers de
Saint-Sauveur, Saint-Genest, l'abbaye, des
Jacobins, de Saint-Laurent, de Saint-Didier,
de la Visitation, de Saint-Martin, des Récol·
lets, de l'Oratoire. de Saint-Arigle, de Saint-
Victor, de Saint-Etienne, de Saint-Trohé, des
Carmes, des Carmélites, de la maison des
Ursulines, des Capucins, de l'Hôpital général,
des Minimes, de Saint-Père, de Saint-Lazare
dans le faubourg de Mouësse, etc.

Il visite la chapelle de Sainte-Solange. Il
comprend s'il a horreur, comme les géographes, du temps des rues tortueuses,
boueuses et étroites que si Nevers, sous le
rapport des ruès, laisse à désirer, cette ville
est cependant bien placée « sa situation étant

ce qu'il y a de plus beau ». disent les géographes.

Si le même voyageur revient à Nevers en 1793, il constate que des communautés de femmes, plus une seule n'existe, qu'il en est de même des communautés d'hommes qui subsistaient encore en 1789, en la forme du moins, si l'âme religieuse avait disparu. Il n'y a plus de paroisses, mais un Temple de la Raison ; plus de bailliages, mais des tribunaux criminels et de District. Nevers est devenu le chef-lieu du département de la Nièvre, mais les temps sont durs. La ville n'est guère propre et est même mal éclairée, les porcs envahissent les anciens jardins de Saint-Martin.

Cependant le voyageur a des chances pour assister à une de ces cérémonies où des citoyens habillés à l'antique, prennent les attitudes mises à la mode par l'école de David, où des orateurs excitent l'enthousiasme du Peuple au moyen de figures d'une rhétorique à outrance.

Il pourra suivre les cours que font dans le ci-devant collège des Jésuites, les professeurs de l'Ecole centrale de Nevers. C'est là que l'on fait un singulier essai d'instruction pratique des sciences et des arts. Des professeurs d'origines diverses y enseignent la grammaire, l'éloquence, l'histoire phylosophique, la morale républicaine, un peu de latin et de grec. Un professeur qui rassemble chez lui beaucoup de malades, enseigne comment s'y prendre pour tirer de l'électricité les plus grands avantages au point de vue médical ; un autre professeur fait un cours de chimie à l'usage des potiers, des faïenciers, des verriers, des métallurgistes et des fabricants d'acier ; un autre encore enseigne la botanique, herborisant dans la campagne depuis floréal jusqu'à l'ouverture des moissons ; enfin, un professeur de dessin, maître autorisé des statues animées de la liberté et des *déesses émues* des cérémonies publiques enseigne comment on doit représenter l'homme, base et source de tous les genres, comment doivent être exprimées les différentes passions et impressions de l'âme.

Presque toutes les églises sont occupées par des *ateliers utiles* ou servent de magasins pour l'armée. L'église de l'Oratoire a été donnée à la Société populaire par Fouché ; la maison de Saint-Martin est occupée par des institutrices qu'il y a installées avec un certain éclat. Les Jacobins servent d'hospice pour les filles enceintes. Le tribunal criminel siège dans la maison des Carmes où sont enfermés les suspects. Le Directoire du département est installé à l'Evêché. Le Directoire du District tient ses séances dans l'hôtel du marquis de Bonnay, ancien député, émigré.

Le tribunal du District siège dans une maison appartenant au Duc. Enfin, la municipalité est installée dans une partie *de la mai-*

son de ce dernier, c'est-à-dire au château
qu'il a généreusement mis, d'ailleurs, à la
disposition des autorités. Le commissaire des
guerres dispose de Saint-Etienne. Le jardin
des Minimes sert de jardin botanique. Le
jardin des Capucins est entre les mains de
l'administration de la guerre. C'est là qu'on
vient de créer une fonderie de canons, grâce
aux démarches de Noël Pointe. Beaucoup de
citoyens travaillent aux terrassements sans
exiger de salaires. Un mécanicien de Paris,
Charles Robert, bien connu ainsi que son
frère, comme constructeur d'aérostats, construit les machines. Cette fonderie fournira
sous la République et sous l'Empire jusqu'à
six cents canons par an.

Ce tableau du nouvel état de choses subs-
titué à l'ancien d'une façon si radicale, évidemment incomplet est sans doute inexact en
ce sens que le rédacteur de l'annuaire qui
sert de guide, lorsqu'il le faisait, eût pu
déjà constater des changements survenus
pendant sa rédaction ; mais ce tableau est
vrai dans son ensemble et donne la plus
nette idée du renversement absolu qui s'o-
péra soudainement. Tout se passait si rapidement alors qu'il est impossible de fixer
tous les détails, à un même moment. Les
administrateurs changèrent souvent de logements. Du reste, tous les bâtiments tombaient
de vétusté. On campait pour ainsi dire dans
le premier recoin venu : le directoire du

département était en 1791 dans la maison de Saint-Martin, le district à Saint-Etienne, la municipalité, à l'hôtel commun...

De tous les clochers de la ville, ont été conservés seulement les tourelles du Château ducal, la tour de l'horloge, enfin, celle de Saint-Cyr qu'a sauvé un ingénieur républicain non suspect de modérantisme, en la réclamant pour y établir un observatoire ou point télégraphique.

Quant aux objets précieux que contenaient les Eglises, notre voyageur les cherchera vainement. Le 1er novembre 1793, une députation du Nivernais avait été envoyée à Paris par Fouché : elle apportait de grandes croix d'or, des crosses, des mitres, des objets de sainteté, dix-sept caisses remplies de vaisselle, une cuvette pleine de doubles louis et plusieurs sacs d'écus de six livres. Un conventionnel voyant dans ce tribut une couronne ducale, demanda et obtint qu'elle fut aussitôt foulée aux pieds et brisée. Le reste fut envoyé à la Monnaie.

Voilà ce que la Révolution avait fait de Nevers.

Des églises tombèrent en ruine successivement. Leur histoire est triste au dernier point : le 17 août 1791, on avait abattu l'église de Saint-Arigle « pour la réduire en place parce qu'elle obstruait les deux passages par où venaient les approvisionnements de la ville. » Saint-Victor fut démoli en vertu de l'arrêt de l'administration du

26 mai 1794. Les statues qui décoraient cette
église furent dispersées. Saint-Trohé fut dé-
truit en 1797. Saint-Laurent fut vendu comme
bien national et resta propriété particulière
jusqu'en 1848. La ville l'acheta. Cette église
s'écroula subitement en 1849. Saint-Sauveur s'était aussi écroulé dans la nuit du
14 au 15 janvier 1838. Des marchés aux légumes occupent aujourd'hui l'emplacement
des églises de Saint-Arigle et de Saint-Laurent.

La bourrasque révolutionnaire était tom-
bée; tout s'était apaisé. Dans les splendeurs
glorieuses de l'aurore du XIXe siècle, les
hommes de l'Empire n'eurent aucuns regards
pour le passé; plus tard, la bourgeoisie vol-
tairienne, maçonnique, regardante, commer-
çante et par dessus tout *garde nationale*, eut
peu le souci de l'histoire du pays. On s'est
longtemps enlizé dans l'indifférence stagnante
de certaines provinces du Centre en matière
d'art. On a laissé échapper les occasions, gâté
ce qu'on touchait et mal recueilli les débris
du passé.

Puis on s'est efforcé de faire quelques res-
taurations, et il faut reconnaître que Saint-Cyr
et Saint-Etienne ont été bien restaurés. On
leur a rendu, jusqu'à un certain point, leur
air de jeunesse, en leur restituant leur ancien
caractère. Le touriste, suivant la nature religieuse de son esprit, peut donc choisir, pour
y prier, l'une et l'autre de ces églises, mettant

d'accord ses pensées avec le caractère du temple, sans avoir à subir la gêne que donne la vue d'une décoration qui choque.

Saint-Père reste le temple préféré de ceux dont le confortable semble une condition précieuse pour la prière.

L'on est loin du temps (1er janvier 1790) où Arthur Yung disait avant les destructons révolutionnaires :

« Nevers a une belle apparence, s'élevant fièrement de la Loire, mais en y entrant, il est comme mille autres endroits. Des villes ainsi vues ressemblent à un groupe de femmes près l'une de l'autre; on aperçoit de loin leurs plumes agitées et leurs bijoux étincelants, et on s'imagine voir le hérault de la beauté, mais quand on s'en approche, on ne trouve le plus souvent que de la boue. »

Aujourd'hui Nevers s'est agrandi à la façon moderne et s'est comme déployé. Si l'ensemble architectural de la ville, dépourvue de la plupart de ses clochers, est mince et maigre, il est cependant comme alerte et élégant dans son union amoureuse avec le paysage et les rues de la ville sont moins boueuses qu'en 1790.

NEVERS MODERNE

Le degré de bien-être d'une ville moderne
est incomparablement supérieur, au point de
vue général, immédiat, terrestre et matériel,
à ce qu'il était autrefois. Mais, s'il y a moins
de misère, il y a moins de richesses particulières ; s'il y a plus de confortable, il y a
moins d'art dans le sens vrai du mot.

Le bien-être est démocratique et commun à
tous les gens au détriment de l'idéal. C'est un
fait facile à constater ici. Jusqu'au siècle dernier, les maisons de Nevers s'étaient entas-
sées dans l'ancienne enceinte ou éparpillées
hors les murs ; la ville s'est étalée depuis,
s'agrandissant avec un certain sans-gêne qui
a donné naissance au dicton : *A Nevers, tout
de travers*. Chacun a bâti comme au hasard.
En dernier lieu, on est parvenu à inspirer aux
habitants le goût de la ligne droite et à vaincre
la ténacité de leurs habitudes en matière de
construction. On a prodigué, en effet, cette
ligne dans les nouveaux quartiers qui couvrent
l'emplacement des anciennes casernes, et à
part l'hôtel de la Caisse d'Epargne, la façade
de toutes les maisons est parallèle à la ligne
des rues ; mais cela, sans recherche ni beaucoup de richesse dans les façades.

L'impression d'arrivée dans Nevers est
agréable, on sent aussitôt qu'on entre dans

une ville ouverte au progrès, et l'on constate avec plaisir qu'on y compte peu de maisons à beaucoup d'étages. Bien des gens y veulent une maison séparée, avec jardin. Toute une maison à soi n'est pas ici le privilège de la fortune seule. Nevers a changé suivant les époques comme les hommes à opinions successives changent d'allures et de tenue. Cependant Nevers n'a jamais perdu le ton de gaité qui caractérise cette ville du plein air et de l'aisance.

A l'ampleur des paliers, à la hauteur des plafonds, on voit que les goûts des habitants se sont modifiés. Mais l'habitation est l'homme lui-même, comme on l'a si bien dit; aussi à l'étroitesse de certains côtés des habitations nouvelles, à la modestie trop apparente de certains bâtiments, on reconnaît que les maîtres sont les fils de ceux qui ont construit ces habitations mesquines dont les spécimens existent encore dans la rue du Commerce où parfois, lorsque l'alignement l'exige, on aperçoit dans un effondrement poudreux, avec leurs galandages aux tentures démodées les intérieurs si simples où vivaient les ancêtres.

Quoi qu'il en soit, l'air circule aujourd'hui dans de larges avenues traversées par des fils téléphoniques. Nevers possède de l'eau à domicile et jusqu'aux splendeurs lunaires de l'électricité.

Le hasard est parfois artiste. Il est arrivé que, dans les modifications qu'ont subies les plans successivement adoptés puis rejetés, la rue Saint-Just, condamnée avec le plan qui la comportait, ne fut pas effacée, grâce à l'oubli d'un employé. Voici donc le parc, jusqu'ici à l'écart, ouvert largement. C'est comme un pan vert au flanc de la ville à laquelle il se trouve relié par ce large ruban de la rue Saint-Just.

Les nouvelles rues portent des noms que l'homme le moins initié aux études historiques connaît : Marceau, Hoche, Vauban, Saint-Just, Gambetta ; mais un point par lequel Nevers diffère des autres villes, c'est l'absence de toutes statues d'hommes illustres ; à part les bustes d'Adam-Billault et de Claude Tillier, vous n'y voyez aucune reproduction publique de l'image d'un personnage nivernais.

_____

La Préfecture.

Au bout de l'avenue Marceau, qui a grand air, vous voyez l'hôtel de la Préfecture. Cet hôtel est une construction assez élégante : il se trouve en face d'un square auquel on a attaché le nom d'un Nivernais, M. Jean Desvaux, et devant lequel est l'hôtel de France. C'est cette auberge que nous avons vue fréquentée jadis par les officiers du Royal-Piémont. Fouché y descendit lors de sa mission dans la Nièvre. L'ancien oratorien, troublé par les chants religieux de l'Hôpital général qui est proche, prit un arrêté pour y suppri-

mer les exercices religieux. Napoléon Ier y
logea après le Sacre, avec Beauharnais. A cette
époque, il était encore l'hôtel de la Nation. Il
prit dès lors le nom d'hôtel de l'Empereur.

Il est à désirer que l'aile des bâtiments nouveaux de la Préfecture, œuvre de M. Bouveault, soit bientôt dégagée. Dans tous les cas,
le préfet n'est pas mal logé. Si nos administrateurs successifs du département ont demandé à le quitter, paraît-il, ce n'est pas
parce que l'habitation et ses magnifiques
jardins ne sont pas faits pour plaire.

Dans un bâtiment de l'hôtel de la Préfecture sont déposées les Archives départemen-
tales (les archives communales sont dans les
combles de la mairie).

Le Nivernais, nous l'avons expliqué conserva jusqu'à la Révolution son administration particulière, à ce point que lorsque les
chambres des princes apanagistes et des
grands vassaux d'Angers, Le Mans, Pen-
thièvre, Châteaudun, Laval, Alençon, La Fère,
Vendôme.... eurent disparu, les unes après
les autres, la chambre des comptes du Duché
Pairie de Nevers subsista jusqu'en 1790. Il
semble donc que Nevers devrait être riche en
documents historiques. Cependant, beaucoup
de documents sont introuvables. Quand Collot
d'Herbois et Goyre Laplanche (ce dernier, fils
d'un ancien fonctionnaire du duché), tous
les deux représentants du peuple en mission dans la Nièvre, eurent enlevé de l'hô-

tel de la Chambre des Comptes toutes les
archives, en vertu de la loi du 29 septembre
1791, au moyen de quatorze voitures qui
transportèrent papiers de toutes sortes et
parchemins au Palais épiscopal, tous ces documents furent entassés pêle-mêle dans des
greniers. Quelque temps après, on en fit un
énorme tas sur la place du Château : on ajouta
aux archives du duché tout ce qui provenait
des couvents, et l'on fit du tout une sorte de
feu de joie. Les documents qui échappèrent
furent placés dans divers dépôts, et de ces
documents, beaucoup, sous l'Empire, furent
un jour mis dans des sacs et transportés dans
les combles de la Préfecture. Une partie fut
même vendue comme vieux papiers.

Depuis quelques années, un savant archiviste travaille au classement des Archives dé-
partementales et en fait un inventaire. C'est
ici qu'est enfouie toute l'histoire du pays, qui
tire son intérêt particulier du duché, de
l'administration ducale et du bailliage présidial de Saint-Pierre-le-Moûtier, dont les
minutes sont aux archives. Les documents
qui subsistent ont assez de valeur, ce semble,
pour qu'on les mette à l'abri de tout danger
d'incendie par une installation mieux conçue.

La Mairie.

A gauche du palais Ducal se trouve la
Mairie, construite d'après les plans de M. Pail-

lard, architecte. C'est une construction toute moderne, appropriée aux besoins actuels de l'administration municipale. Dans les combles, sont les archives municipales. Dans de belles salles, au premier, est la bibliothèque. Les vieux livres proviennent de la célèbre bibliothèque de l'abbaye de Saint-Martin, de celle des Bénédictins de Corbigny, de celle des Chartreux de Lormes, que Fouché fit réunir le mieux qu'il put.

Dans le cabinet du Maire, se trouve une curieuse vue de Nevers ancien, par Belloche.

Le Couvent de Saint-Gildard

Dans cet immense couvent, entouré de cours et de beaux jardins et construit par M. Paillard, architecte, est établi le noviciat des sœurs de la Charité, maison mère de cet ordre. Cette communauté fut fondée à Saint-Saulge vers 1680, par le père Dom de Lavenne, bénédictin. En 1685, le vicaire général et supérieur du séminaire de l'Oratoire, Charles Bolacre, fit venir la communauté à Nevers. Elle compte plus de trois cents couvents en France, aux colonies et dans plusieurs pays étrangers. Sur les ruines d'une ancienne collégiale, on a construit, de 1855-1856 le couvent actuel. La chapelle est fort belle. Sous la dalle, repose sœur Marie Bernard, Bernadette Soubirous, de Lourdes.

La Gendarmerie.

On remarque, dans l'avenue Marceau, la Caserne de Gendarmerie, construite par M. Bouvault, architecte; elle est parfaitement conçue et bien aménagée. Dans peu de villes les gendarmes sont aussi bien logés.

L'Hôpital.

Il n'existe qu'un hôpital à Nevers, rue de Paris; c'est là qu'était autrefois l'Hôpital général. Les bâtiments ont été si bien aménagés à la façon moderne, que nous ne les avons pu classer parmi les monuments anciens. Il compte de nombreux bienfaiteurs et est riche.

Il est administré par une commission de sept membres, dont le maire est président. On y reçoit les enfants assistés, les vieillards indigents de la commune, des malades civils et des malades militaires. Le service médical, le soin des malades et des enfants sont confiés à des médecins et à des chirurgiens distingués ainsi qu'à vingt-trois sœurs de la congrégation de la Charité de Nevers.

La Prison.

La prison, bien aménagée, rue de la Chaussée, est maison d'arrêt, de justice et de correction. Il existe une société de patronage des condamnés libérés, laquelle étend son action bienfaisante sur le département.

Le Théâtre.

Près du Palais, sur l'emplacement du Petit Château est le Théâtre. Du temps de la Révolution, Nevers n'avait pour théâtre que la Comédie, salle appartenant à un particulier et placée rue des Quatre-Vents, près de la place Mancini. C'est dans ce théâtre que la Société *Philantropodramatique* faisait représenter des pièces, tour à tour patriotiques, révolutionnaires ou réactionnaires et qu'Hyde de Neuville se mêlait aux jeunes royalistes ou Compagnons de Jéhu pour diriger l'agitation contre-révolutionnaire.

Le Théâtre actuel est le vrai théâtre de toutes les villes de province ; il n'a rien qui puisse le faire distinguer des moins beaux de ces monuments. Parfois, des troupes venues de Paris apportent au public de Nevers les mots, l'esprit et le rire parisien ; alors la société va au spectacle. Les troupes de province séjournent peu.

Le Cimetière.

Il faut bien parler de ce champ de la vie éteinte. C'est un vaste enclos, en dehors de la ville, où l'on circule dans de larges allées bordées d'arbres verts, ou s'accumulent, tous les jours, les témoignages du souvenir. L'ordonnance qui y règne, le soin apporté à l'entretien des mausolées et la profusion des couronnes, attestent la piété des habitants de Nevers pour leurs morts.

RENSEIGNEMENTS DIVERS

Le touriste constatera que Nevers est en train d'acquérir toutes les choses d'utilité et d'agrément ordinaires et de chaque jour, qui font les villes bien conditionnées. La centralisation et les besoins de la vie moderne ont fait de cette ville où sévissaient jadis des épidémies continuelles, une ville salubre.

Tous les éléments dont se compose la vie actuelle, mettent Nevers définitivement à la hauteur des autres villes.

L'on y a de quoi répondre aujourd'hui à deux besoins jadis exclusivement parisiens : les besoins de locomotion commode et d'information immédiate.

Les voitures de place sont nombreuses et les cochers sont polis.

La presse locale, composée du *Journal de la Nièvre*, âgé de soixante ans, et de nouvelles feuilles de toutes nuances *dirigent l'opinion* politique des habitants, qui, au surplus, ne votent que suivant les tendances variables du suffrage universel. Le *Moniteur de la Nièvre* représente seul, mais vaillamment, le parti des conservateurs royalistes.

Quand la ligne en projet de Nevers à Tamnay-Châtillon sera faite, le desservissement de la Nièvre ne laissera plus rien à désirer grâce à ces nombreuses voies de communication qui se déploient en éventail au-dessus de Nevers.

Il ne rentre pas dans le cadre de notre travail de faire un tableau de l'état d'esprit politique des habitants de Nevers. La politique est d'ailleurs une matière qui aigrit les caractères. Ses aboutissements souvent sont sans grandeur, et par dessus tout sans élégance dans les petites assemblées administratives, émanations passagères du suffrage universel.

Le lecteur pourra consulter, à ce point de vue, l'étude de M. René Belloc, qui a pour titre : *Un département français* au chapitre intitulé : *le chef-lieu, la haute bourgeoisie et la politique*. La personnalité politique de Nevers diffère peu de celle du chef-lieu décrit.

Voici, cependant, quelques renseignements sur l'état de l'Administration, d'après l'annuaire de 1892.

Administration civile.

Le Préfet est M. Bruman. Dix-huit préfets, depuis 1870, se sont succédés à la préfecture.

Le Conseil général, composé en majeure partie de conservateurs, a pour président M. Charles Martin, ancien conseiller à la Cour de Bourges; pour vice-présidents, M. le comte de Laubespin, sénateur, un des plus grands philantropes de France et M. le comte de Pracomtal.

L'arrondissement de Nevers est représenté à la Chambre des députés par M. Gaston Laporte, qui fut un des partisans ardents du général Boulanger.

Les Sénateurs du département sont : M. le comte de Laubespin, et M. le comte de Savigny.

Administration judiciaire.

Nevers est chef-lieu de Cours d'assises et dépend de la Cour d'appel de Bourges. La justice est rendue à Nevers par un tribunal civil composé d'une seule chambre, par un juge de paix, par un tribunal de commerce. Il y a quelques années, le tribunal civil était présidé par M. Victor Mérijot, que les longs et excellents services soit comme juge de paix, soit comme président, ont rendu si populaire à Nevers. Les séances de ces divers tribunaux se tiennent dans les magnifiques salles du Palais Ducal.

Il y avait à Nevers, en 1789, dix-huit procureurs au bailliage, dix huit avocats. Il n'y a plus aujourd'hui que cinq avoués qui remplissent également les fonctions d'agrées et un nombre restreint d'avocats. On conserve encore le souvenir de Frédéric-Pierre-Joseph Girerd, avocat à Nevers, neveu de Barthélemy Girerd, qui fut député aux Etats généraux.

M. Girerd fit partie de ce groupe d'avocats, amis de Georges Sand, qui, comme Michel de Bourges et Rollinat, remuèrent dans le Centre les idées généreuses de 1848 et partagèrent les mêmes déceptions. M. Girerd fut un des défenseurs du procès d'Avril et représentant du Peuple en 1848.

Il y avait, en 1789, quatorze notaires; il n'y en a plus que quatre aujourd'hui : Un notaire de la campagne a le droit d'acter à Nevers.

Administration religieuse.

L'administration du diocèse de Nevers correspond à la circonscription du département. L'Evêque de Nevers, Mgr Lelong est, avec les évêques de Troyes et de Moulins, suffragant de l'archevêque de Sens.

Le séminaire diocésain est installé rue de Clamecy, dans les anciens bâtiments du couvent des Ursulines, où, d'une terrasse très belle, on a vue sur la vallée de la Nièvre.

Il existe deux maisons d'éducation pour les jeunes gens : un petit séminaire, à Pignelin, près de Nevers, et une institution florissante, dite de Saint-Cyr, rue de l'Oratoire.

Il n'existe plus à Nevers que trois paroisses, Saint-Cyr, Saint-Père, Saint-Etienne.

Les sœurs de la Charité, de Nevers, ont leur maison mère dans un bâtiment que nous avons décrit, le couvent de Saint-Gildard.

De nombreuses maisons d'éducation dirigées par les sœurs de la Charité, les Ursulines, les sœurs de la Sainte-Famille, sont fréquentées par les jeunes filles.

Les frères des Ecoles chrétiennes sont installés dans les bâtiments du couvent des Jacobins, rue du Cloître-Saint-Cyr.

La maîtrise de la cathédrale, composée de soixante-quinze enfants, est admirablement dirigée par les abbés Perreau.

Les œuvres diocésaines sont florissantes ; il existe, près du couvent de Saint-Gildard, une propriété dite Clos Saint-Joseph , où des ecclésiastiques cherchent à moraliser, instruire et préserver les jeunes gens qu'ils réunissent pendant leurs loisirs des dimanches et des soirées.

Le culte protestant du consistoire de Bourges, est confié à un pasteur qui réside à Nevers. La religion réformée, puissante pendant quelque temps à La Charité et à Corbigny, ne compta jamais beaucoup d'adeptes à Nevers.

Administration militaire, le 13ᵉ de Ligne, les Services administratifs de la guerre, ancienne fonderie de canons.

Nevers est chef-lieu de subdivision militaire de la huitième région.

La caserne a été tout nouvellement construite sur la route de Fourchambault. Elle a reçu le nom du général Pittié, originaire de Nevers.

Elle est occupée par le 13e de Ligne, dont l'historique mérite d'être signalé. Il a pris une part glorieuse à la campagne d'Afrique (Juin 1834, avril 1836), au siège et à la prise de Rome (Mai à juillet 1849), à l'expédition de Syrie (août 1860, mai 1861), à la guerre contre l'Allemagne (1870), c'est-à-dire aux batailles de Borny, de Rézonville, etc.

On vient d'installer tout récemment, dans les bâtiments de l'ancienne Fonderie nationale de canons, une manutention militaire et des magasins militaires considérables.

Instruction publique, le Lycée, l'Ecole normale d'Institutrices.

La Nièvre est de l'Académie de Dijon. Nevers possède un Lycée, place du Lycée, à l'entrée de la rue du Commerce, et une école normale d'institutrices, boulevard Victor-Hugo.

L'établissement d'un collège, à Nevers, remonte à l'année 1525. C'est en 1573 que les jésuites furent appelés à Nevers par le duc Louis de Gonzague, qui assura au collège 2,000 livres de rente. La ville augmenta les revenus de cet établissement. Après le retour des jésuites de leur premier exil, en 1607, on bâtit un corps de logis où étaient les cinq classes d'humanités et le grand corps de logis parallèle à la rue des Francs-Bourgeois, aujourd'hui rue du Lycée. Une quête faite parmi les habitants de la ville, par Dulys, trésorier du chapitre, Bolacre de Cigogne, lieutenant général du baillage, et Rapine Saintemarie, président de la Chambre des comptes, produisit la somme énorme de 22,800 livres.

M. Taine a été professeur au Collège de Nevers.

Sociétés.

Les choses de l'agriculture tiennent une grande place à Nevers : une société d'agriculture, ayant pour président M. Alphonse Tiersonnier, qui a succédé récemment à M. le comte de Bouillé, est puissamment organisée et rend de réels services. Elle organise des concours de taureaux, de béliers, de porcs, où elle distribue des primes aux meilleurs éleveurs. Elle a créé des réunions et des conférences intéressantes.

Il existe également un Syndicat de la Société départementale d'Agriculture, une Chambre de Commerce, de nombreuses chambres syndicales et des sociétés coopératives.

On a créé, dans ces derniers temps, une société de tir, une société de gymnastique, des sociétés musicales.

Deux sociétés savantes existent à Nevers : la Société Nivernaise des Lettres, Sciences et Arts fondée en 1851 et approuvée par arrêté

préfectoral du 25 septembre 1854. Elle publie
des bulletins. Elle a pour président M. René
Leblanc de Lespinasse. Son siège est à la
Porte du Croux ;

La Société académique du Nivernais, fondée
en 1883, ayant son siège à la Mairie. Elle a pour
président M. d'Asis-Gaillissans. Ses travaux
sont publiés sous le titre de *Mémoires de la
Société académique du Nivernais.*

Commerce et Industrie.

Le commerce et l'industrie de Nevers ne
sont pas sans importance. Une fabrique de
colle et d'engrais chimiques considérable y
est florissante.

Les hommes courageux qui n'ont pas déses-
péré de la faïence artistique méritent qu'on
les nomme : ce sont MM. Montagnon, Trous-
seau et Hiver. La fabrique de M. Montagnon
est l'ancienne fabrique du Tour du Monde qui
appartint aux faïenciers Perrony, Petit-Enfert,
de Signoret, qui la vendit à M. Montagnon
en 1875. Il existe, d'une part, dans les
produits de cette manufacture, un fonds
local de l'art nivernais ancien. Au point
de vue moderne, d'autre part, il est certain
que l'œuvre du manufacturier A. Montagnon,
constitue un effort artistique considérable.
Parcourez aujourd'hui une rue, entrez dans
un salon, vous constatez qu'on mêle tous les
styles, en architecture aussi bien que dans les

arts décoratifs. Il est évident qu'il n'y a plus de style et l'on attend encore que dans l'architecture des casernes, les écoles, les embarcadères de chemin de fer, qui sont les monuments du présent, il se dégage enfin autre chose que l'expression de l'utile. Il faut être reconnaissant à M. Montagnon, puisqu'il réussit à satisfaire, tout en mélangeant, lui aussi, tous les styles, les gens qui recherchent le beau plutôt que l'utile. Car, le beau dans cette branche de l'art de la faïencerie, ne consiste-t-il pas surtout dans le fini du travail, l'éclat du coloris, la hardiesse des formes, la sûreté du goût et par dessus tout, la richesse des objets? A ces points de vue, M. Montagnon a créé. Voyez ces faïences décorées sur émail rouge corail et sur émail jaune d'or.

Il existe également à Nevers une porcelainerie.

On y fabrique de nombreuses machines agricoles.

Le commerce d'épicerie en gros est important. D'anciens hôtels, celui de Rémigny, entre autres, sont occupés par des épiciers : Ce détail rappelle qu'à Etampes, la belle maison d'Anne de Pisseleu, à Orléans, la maison de François 1er, à Cognac, le château, sont également occupés par des épiciers.

Agriculture.

Si le commerce et l'industrie de Nevers ont leur importance, les productions agricoles et surtout le bétail sont l'objet de transactions considérables et constituent, pour la plus grande part, la richesse du pays essentiellement agricole. Les foires de Nevers sont très fréquentées. Ses concours d'animaux gras attirent les agriculteurs et les marchands de bestiaux des pays les plus lointains.

MUSÉES

Les collections publiques d'œuvres d'art et d'objets rares ou curieux sont disséminés dans plusieurs locaux.

Est-il permis d'espérer qu'un jour Nevers possèdera un monument où seront disposées avec goût et de la façon la plus avantageuse pour l'étude toutes les collections que cette ville possède ?

Est-il nécessaire de démontrer combien il serait intéressant de pouvoir, sans recherches difficiles et longues, et dans une même visite, connaître tous les objets remarquables au point de vue de l'art, de l'antiquité et des sciences ? On serait aise de parcourir une galerie iconographique des personnages marquants du Nivernais, de voir classés avec goût les vestiges qui peuvent donner une idée de ce qu'étaient les monuments détruits.

On a fait, dans les salles de la Porte du Croux, sous le nom de *Musée lapidaire*, un assemblage assez confus de choses anciennes logées trop à l'étroit. C'est un amas de pierres sculptées, ramassées dans les ruines qu'ont faites ou les hommes ou le temps. Ce sont des figures de blasons, d'armoiries, de devises, des vestiges des églises de Saint-Sauveur, de Saint-Martin, de Saint-Arigle, de Saint-

Victor, Bien des choses éveillent des souvenirs aussi grands que les œuvres sont parfois médiocres, mais l'ensemble est respectable puisque c'est tout ce qui reste d'un long passé de gloires, de souffrances, d'art et de travail.

Vous vous arrêterez dans la salle dite de la Mosaïque, devant une mosaïque romaine trouvée à Villars, près de Biches (Nièvre), en 1836, lorsqu'on creusa le canal du Nivernais ; devant une superbe cheminée du XV⁰ siècle, provenant de l'ancien château des évêques d'Auxerre, à Varzy. La plaque en fonte placée sous la cheminée est aux armes de l'avant-dernier duc de Nevers, de la maison de Mancini. Vous admirerez un buste de Marc-Aurèle, en marbre de Carrare et un buste d'Adrien, en marbre de Paros, trouvés à Saincaize (Nièvre), puis une petite statue grecque d'une exécution remarquable. Vous remarquerez enfin les chapiteaux de Saint-Sauveur, dont un a été décrit par M. Viollet-Leduc, dans ses annales archéologiques, et le tympan méridional de cette église.

La salle, dite des Plâtres, contient des moulages en plâtre reproduisant les motifs des bas-reliefs du Château ducal, œuvre de Jouffroy et ceux de la fontaine de la place de la République, œuvre de Lequesne.

L'on y remarque anssi l'épitaphe du tombeau du duc Louis de Gonzague qui se trouvait dans le chœur de la Cathédrale de Saint-Cyr.

Elle est d'une emphase héroïque qui prêterait à rire si l'on n'était en face de personnages appartenant à un temps où l'on vivait dans le culte des Grecs et des Romains.

Voici quelques lignes traduites :

« A l'éternelle mémoire de très pieux, très-sage, très-probe, très-juste, très-vaillant, très-courageux et très-invincible prince, Monseigneur Louis de Gonzague, duc de Nevers et de Rhétel, prince de Mantoue, très-digne vice-roi de Champagne, de Belgique et de Celtique, que la vérité même peut affirmer et proclamer hautement, plus grand en réalité que tous les titres de panégyriques et de louanges, par la gloire de la science politique et militaire, titres grâces auxquels elle ne rougira de le comparer, que dis-je, de le préférer à notre divin Louis, roi des Français, à Caton, à Aristide et à Fabius Maximus..... il travailla à augmenter l'empire de la Chrétienté et surtout de la France, auquel il s'était tout entier voué, donné, consacré, si bien qu'aux derniers jours de sa vie, depuis longtemps malade et usé par les continuels travaux de la guerre, dans les temps les plus tumultueux et à travers les plus longs détours du monde, envoyé à Rome, vers le bienheureux Clément VIII, souverain pontife, par le très-chrétien Henri IV, véritable Hercule gaulois, et protecteur de la France, il ne se refusa point aux ennuis d'un très-périlleux voyage, tant c'était une lourde affaire que d'accorder des princes si fiers pour assurer la paix... »

Mais il faut bien le dire, si l'on a le plaisir de rencontrer dans ce musée les expressions successives du beau par l'architecture, cette poésie des corps et des formes inanimés, suivant l'expression de Lamennais, on y est bientôt pris d'une impression de tristesse profonde, dans la senteur froide qu'exhalent ces débris de sépulcres et devant ces inscriptions souvent obscures. Tous ces objets qui paraissent comme enfouis ici ont un aspect morne et c'est avec un air d'énorme éteignoir que vous apparaît finalement le toît de la Porte du Croux, quand vous vous en éloignez.

Dans une des salles de ce monument se réunissent, chaque mois, les membres de la Société nivernaise ; il ne faut pas laisser ignorer qu'à Nevers, comme ailleurs, le goût de l'archéologie et de l'histoire a groupé quelques dévôts instinctifs de l'antiquité et des chercheurs.

Dans les combles mansardés du Palais Ducal est le musée céramique, dont le conservateur actuel est M. Bouveault, architecte.

Vous aurez là des œuvres remarquables de l'école céramique de Nevers. Les autres sont celles du musée de Sèvres, du Louvre, de Cluny et du musée de South Kensington, à Londres.

On sait que l'autorisation d'établir une faïencerie à Nevers, fut accordée par Henri III, en 1578, à Dominique de Conrade, gentilhomme d'Albissola, et que la fabrication de la faïence, à Nevers, se développa sous les hospices des Gonzague. C'est à Nevers que semble avoir été fabriquée la première faïence française, supérieure par la solidité de sa pâte et la blancheur inaltérable de son émail à toutes autres. Les faïences de Nevers furent une imitation des majoliques italiennes : sur un fond bleu ondé se détachent des dieux marins avec des tons violets de manganèse et plus tard avec des fonds jaunes.

A Dominique de Conrade, succéda son fils Antoine ; son autre fils, Dominique, retourna en Italie en 1651. Six générations de Custode fabriquèrent de la faïence à Nevers.

A l'imitation italienne succéda le goût persan. Ce ne furent que fleurs et oiseaux étranges peints en jaune et en blanc, sur un fond bleu lapis appliqué par immersion. Ce furent ensuite des motifs chinois.

Au XVIIIᵉ siècle, on fabriqua à Nevers des figures grotesques et des vases pour jardins. On constate dans les comptes du Duché que le Duc de Nivernais avait acheté un grand nombre de ces vases pour orner sa résidence Saint-Ouen ; il les mit ainsi à la mode.

Un Custode de Nevers était allé à Rouen initier les ouvriers de cette ville à la fabrication nivernaise. Par une sorte de contre coup on se mit à imiter beaucoup les faïences de

Rouen ; puis, on imita aussi celles de Moustier.

A propos des classifications compliquées produites par les savants, on se demande pourquoi quelqu'un n'a pas pensé à classer les faïences simplement par règnes de rois. On eut, grâce à ce mode plus saisissant de désigner les diverses séries de faïences, bien mieux compris, ce me semble.

Naguère on rencontrait encore, associées à la vie intime et familière des gens, sur les plus humbles dressoirs des paysans, au chevet de leur lit, de ces faïences naïves qui projetaient comme un rayon d'art dans ces milieux rustiques. Les amateurs ont tout enlevé. Quant aux faïences populaires ou patriotiques de la fin du XVIII° siècle, M. Champfleury possédait naguère la belle collection qu'il appelait « *le journal sous émail. des sentiments du Peuple de 1789 à 1793* ».

Voici les inscriptions des plus caractéristiques de ces faïences parlantes : ce sont, d'abord, ces mots W (vive) le Roy, ensuite au bas du portrait de Necker ces mots « *L'espoir et le soutien de la France* » et à mesure que l'influence du Tiers progresse, ses progrès se traduisent par de nouvelles inscriptions : *Vive la liberté, 1790. — Tres in uno, 1790. — Vis unita fortior, 1789 et 1790. Vive le Tiers-Etat, — veneranda nutrix, 1789, nous jouons de malheur le plus fort l'emporte (un paysan posant le pied sur une planche bascule une croix*

*et une épée brisées ; le malheur nous réunit 1790,
A, ça ira. Mirabeau n'est plus, Aux mânes de
Mirabeau la Patrie reconnaissante, 1791, Vive
la Nation, Vivre libres ou mourir, W. le Roy et
W. la loi, 1791. W. la réunion (épée, crosse,
bèche 1791), coi (c'est) le moment de faire un
petit enfant* sur une écuelle d'accouchée peinte
au moment des enrôlements volontaires.

Puis les inscriptions, les emblêmes s'accen-
tuent dans le sens révolutionnaire et démocratique. Ce sont des devises avec équerres,
livres de la loi, branches de lauriers, bonnets
phrygiens, des piques, des cocardes, des
bonnets rouges, des faisceaux de licteurs, des
coqs, des lions couchés sur des canons avec
ces devises jacobines : « Je garde la constitution, Force, Union, Sagesse, Fidelitas, pax,
concordia ; *je suis invincible, la Liberté ou la
mort ; Aimons-nous tous comme frères 1793 ; A
la Montagne ; W. les sans culottes ; Guerre aux
tyrans, paix au chaumières ; Pran garde au
chat ; Vive la République, soyez vertueux ; Je
jure de maintenir de tout mon pouvoir la Constitution.* » Un petit amour met le feu à un
canon en disant : « *Je veille pour la Nation* »;
des enfants dansent en rond et chantent : «*Dan-
sons la carmagnole, vive le çons du canons* ».

M. Champfleury possédait une assiette où
la citoyenne Jeanne Charbonnier, une déesse
de la Raison de l'an III, est représentée une
pique à la main, un bonnet jaune (le rouge
n'existant pas sur la palette de l'artiste). Enfin,

viennent les faïences révolutionnaires ou royalistes, qui étaient dénoncées par le conseil général de la commune de Nevers, comme blessant essentiellement l'ordre public. La lassitude du régime se traduit par des inscriptions comme celle-ci : *Hôtel de la Paix, je désire y arriver, 1794. Si les choses ne changent pas de face, nous serons bientôt à la besace, 1799.*

Mais il faut bien dire que toutes ces productions instructives au point de vue de l'état des esprits dans le passé, dont on rencontre des exemplaires nombreux dans le musée de Nevers, n'ont rien d'artistique, pas plus d'ailleurs que ces petites commodes percées de trous à mettre les bouquets, ces sabots, ces corbeilles de fruits, de légumes en relief pris dans la pâte qu'on avait fabriquée de 1700 à 1789 dans le goût de Saxe.

A côté de faïences nivernaises, on voit au musée céramique, une pièce de Francesco Xanto, élève de Georges, à reflets métalliques rubis et or, fort belle, des Lucca della Robbia et des Urbino, un émail de Limoges, représentant Joseph et Putiphar, puis de belles faïences de Delft et de Nevers dont M. Métairie a fait don à la ville. Il y a là aussi le portrait du nivernais Théodore de Beze, peint de son vivant, puis une série de gravures à l'aide desquelles on peut suivre les destinées de la ville. Elles sont pleines de gaucheries dans la recherche de l'exactitude ; les clochers y prennent la plus grande place ; les remparts sont tracés avec tout leur développement sans perspective ; préoccupé de l'air de grandeur à donner à la ville, l'artiste a eu le soin d'exagérer les choses et en quelque sorte triché.

Depuis longtemps, en 1789, la faïencerie était en décadence. D'imitation en imitation, ses produits étaient devenus de plus en plus grossiers. Les nombreuses fabriques de Nevers ont disparu successivement depuis. On y imitait tous les genres et particulièrement les anciennes imitations faites à Nevers de faïences étrangères. Mais, comme nous l'avons dit, grâce à M. Montagnon, une sorte de renaissance vient de s'opérer dans l'industrie artistique de la faïence nivernaise.

L'ouvrage que l'on consulte toujours sur la faïence nivernaise, est le livre de M. du Broc de Segange : *La Faïence, les Faïenciers et les Émailleurs de Nevers.*

Les verriers de Nevers et les émailleurs formaient à Nevers deux corporations groupées, ainsi que celle des faïenciers, autour des églises Saint-Genest et Saint-Sauveur. Il n'y a plus d'émailleurs ni de verriers à Nevers, et il est difficile d'y rencontrer encore quelques ravissantes fantaisies en verre soufflé, tels que calvaires, saints ermites, saints Antoine, crèche de Noël, joyaux de femme avec émaux.

Le musée de peinture et de sculpture est maintenant aux Minimes. La grande salle semble bien favorable à faire valoir les toiles de grande dimension ; les petites salles sont disposées pour les tableaux de petite grandeur et les dessins.

De la tribune, jadis réservée aux Ducs, on

jouit d'un beau coup d'œil sur la grande salle. Mais le projet de faire de ce monument un musée général semble abandonné, malgré des gens de goût qui s'efforcent de conserver, autant que possible, tous les vestiges d'un passé respectable.

Parmi les choses que contient ce musée, je vous citerai une Ève de Tiersonnier, peintre nivernais, élève de Delacroix, des œuvres des Nivernais Hanoteau, Gautherin, Boisseau et Cougny, enfin des œuvres délicates du sculpteur Baffier, né sur les confins du Nivernais et du Berri. Je ne sais comment vous ferez pour y entrer. C'est bien le seul musée de France où il n'y ait pas de concierge.

Dans le jardin des Minimes, aujourd'hui occupé par la gendarmerie, l'abbé Troufflault mort chanoine à Autun, enseignait, pendant la Révolution, la botanique aux jeunes Nivernais. On eut longtemps le goût de la botanique à Nevers : c'est dans cette ville que Boreau, qui y était pharmacien, composa sa *Flore de la France centrale.*

Je vous signale l'existence, dans une des salles de la Mairie, d'une collection géologique donnée par M. Trochereau, et dans un bâtiment annexe de la cathédrale, de débris de ce monument, devant lesquels on a le vif sentiment d'un recul dans un passé curieux. Artistes et archéologues pourraient reconstituer ce passé si un catalogue bien fait indiquait la provenance de chacun de ces objets recueillis par M. Massillon-Rouvet, architecte.

PASSAGES DE PERSONNAGES CÉLÈBRES

A NEVERS

Nevers a changé si souvent de maîtres ; ces maîtres résidaient si peu dans le pays ou si souvent étaient en voyage, que la narration des cérémonies de l'entrée des Comtes et des Ducs dans leur bonne ville est une page habituelle de toute histoire de Nevers. Nevers était une halte pour les Rois ou les Grands qui descendaient ou remontaient le cours de la Loire, se rendant à Vichy ou à Pougues. La route était devenue, par les sévérités du bailliage de Saint-Pierre-le-Moûtier et grâce aux intendants, riante et douce dès la fin du XVIIe siècle. Madame de Sévigné, qui se rendait de La Charité à Nevers, écrivait à sa fille, le 20 septembre 1667 : « C'est une chose extraordinaire que la beauté des routes. On n'arrête pas un seul moment ; ce sont des mails et des promenades partout ; les intendants ont fait des merveilles et nous n'avons cessé de leur donner des louanges. »

A propos du passage à Nevers de personnages célèbres, une remarque est à faire, c'est que, du plus haut qu'on peut prendre l'histoire, on constate qu'un élément pittoresque de la vie au Moyen-Age, est largement représenté ; je veux parler des mystères figurés aux entrées des princes. On voit qu'on représenta successivement l'histoire des Mariés et du Vengement de Vespasien, les Neuf Preux et les Neuf Preuses, l'Arbre de Jessé, l'histoire des Nopces Archedeclin, la Moralité de Joseph de Gypte, l'Ystoire de Judith, l'Ystoire de sainte Suzanne, l'Ystoire de Jason qui conquesta la Toison d'or, l'Ystoire de Mgr saint Cyr, etc.

Passèrent à Nevers le 11 mars 1394, le roi Charles VI, à qui la ville fit présent de deux cents bichets d'avoine, six tonneaux de vin, trois luz et de grande quantité de poisson ; le roi Louis XI (15 juillet 1476) ; Anne de Bretagne, en 1501 ; Louis XII, qui vint de Lyon en bateau. Ce roi refusa tout présent, mais les personnes de sa suite acceptèrent un demi-tonneau de vin clairet et un demi-tonneau de vin blanc. Anne d'Autriche fit son entrée à Nevers le 23 août 1622. Louis XIII passa à Nevers en 1630. Le cardinal de Richelieu fut reçu, en 1629, par l'évêque Eustache de Chery. C'était à son retour de Lyon ; il descendait la Loire en bateau avec cet appareil que tous ceux qui ont vu jouer le drame de Victor Hugo, *Marion Delorme*, connaissent. Il logea à l'Evêché. Un rempart fut dressé dès le bas de la cour, pour faire entrer sa litière. On a relevé, à ce propos, cette prophétie de Nostradamus : *Quand bonnet rouge passera par la fenêtre, à quarante onces on coupera la tête et tout périra.* Remarquez les calembourgs : les 40 onces font allusion au nom de Cinq-Mars et le mot tout à de Thou. Louis XIV passa à Nevers en 1659. *Mgr l'Ambassadeur du grand Sophis de Perse*, fut reçu à Nevers le 19 janvier 1715. On lui donna de la bougie blanche, des oranges et des citrons. Quand le Duc de Nivernais vint à Nevers en 1733, on lui fit présent de 200 bouteilles de vin de Bourgogne, de 50 bouteilles de vin de Champagne, de 24 bouteilles de vin d'Espagne, de 12 de vin de Hongrie et de 5 grosses carpes de 28 à 30 pouces pièce. On fit présent, à Mme la Duchesse, d'un service de cristal du prix de 400 livres, de douze douzaines de figurines de faux dieux en émail, montées sur des piédestaux dorés, et autres figures d'émail, à Mme de Vadeville de 50 boîtes de confitures sèches, garnies de différents émaux.

Bonaparte passa à Nevers plusieurs fois; on y reçut en l'an VI, avec un grand enthousiasme, le héros des campagnes d'Italie, précédant les bateaux chargés des dépouilles triomphales qu'il apportait. Revenant d'Egypte en 1799, il était descendu à l'hôtel du *Grand-Monarque*, du *Grand-Cerf* pendant la Révolution. C'est là que le citoyen Moreau, président du Conseil de Ville, lui tint ce discours : « Citoyen général, l'administration municipale de Nevers se félicite de pouvoir admirer en votre personne le fils aîné de la France et le premier instrument des merveilles de l'Europe. » A quoi Bonaparte répondit : « Je suis sensible, citoyen président, aux marques d'affection que je reçois, en ce jour, de votre commune. » Joséphine aussi fut vue un jour à Nevers, mais un peu comme une prisonnière que des hussards accompagnaient respectueusement de relais en relais. On a su par des mémoires récemment publiés, dans quelles circonstances piquantes elle était allée retrouver son mari en Italie, et comment celui-ci l'avait priée de retourner à Paris, On vit, quelques années après, Pie VII, *peregrinus et œgrotans*, suivre le même chemin.

Le duc d'Angoulême passa à Nevers le 16 juin 1818, puis une réception particulièrement brillante fut faite à Mme la duchesse d'Angoulême (1er juin 1821). On n'offre plus des confitures, des émaux, mais des pièces de vers. Un régent de rhétorique, adresse à Mme la duchesse d'Angoulême un compliment en vers dont voici les plus jolis :

> Beau lys que l'aquilon agita si longtemps,
> Relevez-vous enfin : d'une grâce nouvelle,
> Couronnez, chaque jour, votre tête plus belle,
> Sous un nouveau soleil, pour un nouveau destin,
> Fécondez-vous le jour des larmes du matin.

Les fidèles du régime impérial parlent encore de la réception que fit Nevers à Napoléon III et à l'Impératrice. La liste des personnages célèbres à même de faire une entrée solennelle à Nevers semblait close, quand le général Boulanger y fit une visite genre *fin de siècle*.

CÉLÉBRITÉS NIVERNAISES

Si l'on va à la recherche de quelques personnages qui, par leur tempérament et par leur tournure d'esprit peuvent être cités comme ayant représenté le caractère des habitants de Nevers, on se trouve en face d'un homme sinistrement célèbre, Chaumette, puis d'un écrivain connu des savants seulement, Guyot Saint-Hélène ; en remontant plus haut dans le passé, l'on rencontre aussi Adam Billault et Carpentier de Marigny. D'autres personnages ont eu trop peu de contact avec Nevers pour représenter l'esprit du pays. On n'a du reste, pas grand choix. L'homme politique, Chaumette, est un parfait fanatique ; l'écrivain Guyot Saint-Hélène est un pamphlétaire. Quant à Adam Billault et à Carpentier de Marigny, on est obligé de les mettre au rang de simples chansonniers.

L'esprit des hommes du Nivernais est facilement oublieux du passé, vif, gai, mais souvent sec, tranchant, peu soucieux d'archéologie politique. Leur tempérament est parfois celui des batailleurs. Chez Chaumette, il fut férocement violent. La diatribe est l'arme de Carpentier et de Guyot Saint-Hélène ; En même temps, ces hommes ont une logique pratique très solide avec beaucoup de mépris pour les choses purement idéales. De sorte qu'à bien prendre, leurs œuvres les plus originales sont des pamphlets comme *Patatras*, de Guyot Saint-Hélène, où l'on rencontre cet esprit acéré et rude que montra Dupin dans sa sortie contre *le Luxe des femmes*.

Notez qu'on ne peut citer ni romancier, ni auteur dramatique, ni femme de lettres.

Voici quelques détails sur les personnages qui ont le moins souffert de l'indifférence locale ou que les plaques des rues ou quelques souvenirs révèlent comme connus à Nevers, parce qu'ils y sont nés ou parce qu'ils y ont vécu.

Hommes politiques.

Gaspard Chaumette : né à Nevers le 21 mai 1763; procureur syndic de la commune de Paris pendant la Révolution. La mère de Chaumette se promenait fièrement dans les rues de Nevers, en criant : « Voici le sein qui a porté le bonheur de la France. » C'est à lui que Fouché écrivait le 6 octobre 1793 : « J'arrive de Moulins, mon cher ami, où j'ai fait bien des destitutions et bien des réformes..., les choses en sont au point, que le pays où il y avait le plus de superstition, n'offre plus aux voyageurs un seul signe qui rappelle une religion dominante. Les cérémonies sacerdotales sont tout-à-fait rentrées dans les temples. L'aristocratie des manufacturiers, des maîtres de forges est terrassée. Tout marche, et le riche paye... Sois tranquille, mon ami, je sauverai ton pays et je le purgerai de tous les brigands qui le souillent. »

La sollicitude de Chaumette pour son pays fut bien mal récompensée, puisque nous voyons, en juin 1794, la Société Populaire, dans une adresse aux Jacobins que je crois inédite, affirmer son civisme, en réponse aux inculpations dont elle était l'objet, se défendant d'avoir autrefois bien reçu Chaumette, *ce monstre*, et d'avoir foulé aux pieds le décret sur l'existence de l'Etre suprême et l'immortalité de l'âme pour être agréable à ce révolutionnaire.

Saint-Just : dont le nom plus en faveur que celui de Chaumette, vient d'être donné à une rue. Il n'eut, étant député de l'Aisne, aucun rapport avec le Nivernais. Il était fils de Marie-Anne Robinot et de Jean de Saint-Just de Richebourg, écuyer, chevalier de Saint-Louis, capitaine de cavalerie et fut baptisé à Decize le 25 août 1767. Nous ne possédons aucun document nivernais promettant une appréciation nouvelle sur cet homme. On craint d'ailleurs, de rien dire de lui : son âme est comme un trou noir, au fond duquel le pied qui n'est plus guidé par le regard, hésite et trébuche.

A propos de Saint - Just, de Chaumette,

et de Fouché, dont le souvenir comme représentant du Peuple, envoyé en mission par la Convention dans la Nièvre, est encore vivant, à propos aussi de l'abbé Fauchet, originaire de Dornes (Nièvre), M. Paul Janet a défini, dans ses *Origines du Socialisme contemporain*, ce qu'il entend par Socialisme révolutionnaire. Faut-il conclure des observations de cet écrivain, que le Nivernais a été socialiste à un degré quelconque ? Rien n'autorise à le dire. Si, comme M. E. Montégut, dans ses *Tableaux de la France*, le remarque : « les hommes remarquables du pays sont invariablement de deux sortes, ou bien des révolutionnaires comme Théodore de Bèze, Anaxagoras Chaumette et Saint-Just, ou bien des procureurs ou des légistes, comme le vieux Guy-Coquille et les modernes Dupin », l'esprit moyen de la population est simplement démocratique. Aspirant avec ses pamphlétaires du crû à être débarrassé de l'administration ducale, pour n'avoir plus affaire qu'au pouvoir central du roi, puis acceptant avec résignation d'être tiraillée, en sens contraire, par les partis violents de la Révolution, sans sortir d'une sorte d'irrésolution ou d'indifférence générale en matière politique, la population du Nivernais n'épousa jamais complètement ni les croyances des monarchistes ni la foi des socialistes modernes; amoureuse de l'ordre, elle a toujours aspiré à être gouvernée, disons administrée pour parler plus simplement.

De Bonnay et *de Sérent* : députés aux Etats généraux. De Bonnay était né à Cossaye, près de Decize, de Sérent était breton. L'un et l'autre représentèrent la noblesse du Nivernais d'une façon par trop honorable pour que leurs noms ne soient pas cités ici. Accusé d'avoir connu les projets de fuite du roi, M. de Bonnay fit cette réponse : « Si le roi m'avait consulté sur son départ, je ne le lui aurais peut-être pas conseillé ; mais s'il m'eût ordonné de le suivre, j'aurais obéi avec transport et je serais mort à ses côtés, en me glorifiant d'une telle mort. » M. de Bonnay donna sa démission de député en 1791 et remplit pendant l'émigration diverses fonctions auprès de Louis XVIII ; il fut porté à la pairie le 17 août 1815, ambassadeur en Prusse et ministre d'Etat.

Gogre-Laplanche de Nevers et Lefyot de Saint-Pierre-le-Moûtier, conventionnels. L'un avait été prêtre, l'autre avocat. Enfantés par ce mouvement électoral qui remplit la Convention d'hommes sans passé, mêlés aux plus cruelles mesures et aux luttes fratricides de 1793 comme commissaires dans la Nièvre qu'ils représentaient, soit par médiocrité d'esprit, soit par une sorte d'honnêteté, ils ne se montrèrent pas hommes d'idées successives ni de plusieurs régimes et moururent en vieux conventionnels.

Antoine-Joseph, comte de Chabrol de Chaméane, originaire d'Auvergne ; il fut maire de Nevers et député de la Nièvre de 1818 à 1827.

Manuel, qui fut député sous Louis Philippe et sénateur sous l'Empire.

Girerd, dont nous avons déjà parlé.

Marie-Louis-Auguste Boucaumont, originaire de l'Allier, qui fut député de la Nièvre au corps législatif de 1863 à 1870.

Le général *Ducrot,* qui fut élu député de la Nièvre après la guerre de 1870, en même temps qu'un grand agriculteur, le comte de Bouillé, et le comte Benoist d'Azy dont la vie fut une suite de hauts services rendus au pays dans la politique et l'industrie.

Poëtes et pamphlétaires

Adam Billault, dont les recueils divers sont remplis, à part quelques chansons d'un ton juste et gai, de poësies sans souffle, aux gentillesses assez fades et scabreuses. Il est l'auteur des Chevilles, du Vilebrequin, du Rabot, dont le manuscrit est introuvable. Les « pointes » étaient à la mode au milieu du XVIIe siècle. Adam Billault fut accueilli par les grands seigneurs qui le faisaient boire. Il est de fait qu'il fut accablé de pensions ; mais ces pensions lui étaient, en réalité, payées très mal. La seule personne qui eut souci de lui par le cœur fut Marie de Gonzague ; elle l'emmena avec elle en Italie et l'installa un instant dans son hôtel de Nesle.

Pour lui procurer des moyens d'existence dans son pays, on lui accorda le privilége des expéditions des eaux de Pougues. Il avait été concierge de la Chambre des Comptes. On voit par un acte du 8 septembre 1644 que Marie et Anne de Gonzague de Clèves lui avaient au moyen d'un brevet, fait don sous certaines conditions du Ravelin (lieu placé près du Pont-Cizeau, sur la rivière de Nièvre, où s'exerçaient les harquebusiers de la Confrérie de Saint-Charles).

Son existence fut d'ailleurs, une vie de soucis d'argent et de désagréments conjugaux compliqués des ennuis que lui attira en 1648 une chanson sur une surtaxe des vins. C'est grâce à une lettre charmante du chancelier Séguier qu'il put échapper aux poursuites dont Phélipeaux le menaçait.

Si son rôle auprès des Grands a eu des côtés avilissants, il faut cependant reconnaître que c'est grâce à eux et aux écrivains qui faisaient leur cour en vantant ses mérites, que son nom est parvenu jusqu'à nous.

Adam Billault fut loué par Urbain Chevreau, Saint-Amand, Scudéri, Gombaut, Colletet, Benserade, Mezerai, Michel de Marolles (auteur de l'Inventaire des Titres de Nevers, attaché à la maison du duc Charles de Gonzague comme précepteur de ses fils.) Le grand Corneille a fait un sonnet en l'honneur d'Adam Billault et Rotrou, un quatrain.

Une chanson à boire, de lui, est restée populaire.

Carpentier de Marigny, né à Nevers le 4 octobre 1615, auteur de Mazarinades considérées comme étant les meilleures. On lui attribue la traduction du traité d'Allen « où il est prouvé, par l'exemple de Moïse et par d'autres tirés de l'Ecriture, que tuer un tyran, *titulo vel exercitio*, n'est pas un meurtre. »

Il eut à se défendre d'une accusation dont nous ririons bien aujourd'hui : celle d'être issu d'une famille de marchands de fer. On alla chercher loin pour prouver le contraire. Le simple examen des registres paroissiaux de la paroisse Saint-Jean de Nevers eut cependant suffi pour établir que les mauvaises langues du temps disaient vrai.

Etienne Guyot Saint-Hélène, né à Nevers le 13 septembre 1740, mort juge au tribunal de la Seine. L'ennemi acharné du dernier duc qui, en termes vraiment puissants, originaux, traduisit les aspirations du pays à la centralisation, dans ses pamphlets.

Claude Tillier, instituteur à Clamecy, journaliste à Nevers, né le 11 avril 1801, à Clamecy, mort à Nevers le 12 octobre 1844 ; est inhumé au cimetière de Nevers sous une simple pierre granitique non taillée, provenant d'une carrière du Morvand. Ses œuvres ont été publiées jadis en plusieurs volumes. Il fut l'adversaire, aussi méchant qu'il était possible, de Mgr Dufêtre, évêque de Nevers. Son nom fut mis en lumière à la fin de l'Empire. De jeunes publicistes firent, à l'occasion de ses pamphlets, une résurrection littéraire.

Jurisconsultes, Historiens et Savants.

Guy-Coquille, sieur de Romenay, né à Decize (1523-1603). Jurisconsulte, député du
Nivernais aux États généraux de 1560, de 1576,
de 1588 ; auteur d'une histoire du Nivernais
aux pages trop abondantes, et *du Commen-
taire sur la coutume du Nivernais*. A propos
de l'origine fabuleuse de la maison de Clèves,
cet historien pense qu'il n'est pas impossible
qu'il ait existé « des êtres métiz entre dieux
et hommes. En nature, dit-il, beaucoup de
choses se font dont les causes sont occultes et
non connues aux hommes, et toutes fois sont
véritables. » Il était premier échevin de Nevers lors de la Saint-Barthélemy, et préserva
la ville de toutes persécutions.

Charles de Lamoignon, né à Nevers en 1514,
dans la maison Rambour. Charles IX l'avait
désigné comme devant remplacer le chancelier Lhospital.

Simon Marion, qui naquit en 1540. Fut avocat au Parlement de Paris pendant trente-
cinq ans, puis avocat général. On a dit de
lui qu'il fut « une étoile reluisante en tout ce
Parlement. » Il fut l'ami du cardinal du Perron et le président de Thou a fait son éloge.
Les plaidoyers de feu M. Marion, imprimés en
1625, n'offrent aucune page qui soit lisible
aujourd'hui. Mais il faut retenir ceci, que le
barreau où brillèrent tant de Nivernais, forma
cette bourgeoisie française, grave et éclairée,

qui après avoir joué vaillamment son rôle
dans la ligue, la Fronde, les querelles des
parlements, apparut à la tribune de l'assemblée constituante comme possédant la clef de
de toutes les questions à résoudre.

Parmentier auteur de l'Inventaire des Archives de Nevers. Cet écrivain au style juste et
précis, dénué de grâce, vécut à Nevers de 1743
à 1790. Il fut procureur général de la chambre
des comptes du Duché, dur, entêté et hon-
nête.

Le Procureur général avait une grande autorité qui s'étendait à la surveillance des
justices seigneuriales, des finances, de la
police et de la comptabilité. Des conflits fréquents s'élevaient entre le Procureur général
du domaine et les maîtres de la chambre, autorité intermédiaire entre le prince et ses
sujets, juge des prétentions du suzerain, des
droits et des devoirs des vassaux. La ten-
dance des Procureurs généraux était d'éten-
dre, en effet, constamment leurs prérogatives,
de rattacher de nouveaux fiefs à la mouvance
ducale, d'obtenir des restitutions, d'infliger
des amendes de leur seule autorité. Par le
règlement du 20 août 1618, Charles de Gonzague détermina d'une façon précise l'étendue
des pouvoirs de ses officiers et l'initiative de
son Procureur général.

Ce ne serait pas une des pages les moins
intéressantes de l'histoire des anciennes institutions de la France que celle de l'adminis-

tration de cette chambre des Comptes, qu'en 1744 Louis XV avait rangée après celle de Dijon, et qui ne disparut que devant l'action centralisatrice de la Révolution : On connaîtrait ainsi l'étendue des domaines des suzerains du Nivernais, le chiffre de leurs revenus, l'état des personnes, la topographie et la statistique de la province.

Gabriel Sauvageon, qui coordonna les travaux d'anatomie faits depuis Henri III et publia, vers 1640, un traité des plus célèbres médicaments chimiques et une Anatomie française.

Jean Bourgoing, avocat général du Bailliage, qui publia avec une indépendance remarquable, *le Pressoir des éponges du Roi et la Chasse aux larrons.*

Le *Baron de Bourgoing*, diplomate et littérateur, né à Nevers (1748-1811) ; il se retira à Nevers pendant la Terreur, y remplit des fonctions municipales et fut qualifié « de bon citoyen ». Père du sénateur du second Empire, et grand-père de Philippe, baron de Bourgoing, qui fut écuyer de Napoléon III et député de la Nièvre après 1870.

Louis-Marie Rapine-Dumezet de Saintemarie, issu d'une famille de légistes à l'esprit indépendant et frondeur ; fut député très ministériel du grand collège de la Nièvre sous la Restauration. Il publia, en 1810, ses *Recherches historiques sur Nevers;* c'est tout ce qui a été écrit de plus agréable à lire sur le vieux Nevers.

M. le Comte de Soultrait, savant archéologue, qui fut président de la Société Nivernaise des Lettres, Sciences et Arts de Nevers.

Mgr Crosnier, qui a publié des livres intéressants sur les Institutions religieuses du Nivernais.

Administrateurs.

On se souvient des préfets dont les noms suivent :

Sabatier, premier préfet de la Nièvre, installé le 15 avril 1800. *Adet*, savant chimiste qui représenta la République française en Amérique, fut membre du Tribunat, préfet en 1803, député du Corps législatif, de la Chambre des députés au 1814, et se trouva au nombre des délégués de la ville de Nevers qui félicitèrent Napoléon le 29 mai 1815. — *Fiévié*, l'auteur de la *Dot de Suzette*, 1813. — *Rougier de la Bergerie père*, auteur de Géorgiques françaises (1815). — Le baron Walckenaer, littérateur et savant (1826). — *Le baron de Talleyrand* (1828). — *Badouix*, ancien directeur des domaines du roi Louis-Philippe (1831). — *Roulleaux-Dugage*, qui fut député (1840). — *Girerd*, qui fut représentant du peuple (1848). — La Nièvre a eu pour préfet, sous la troisième République, *Isaïe Levaillant*, une curieuse figure de fonctionnaire israélite de notre époque.

Évêques.

L'histoire des origines du diocèse de Nevers est tout ce qu'il y a de plus embrouillé. M. l'abbé Duchesne, dans son mémoire sur l'origine des diocèses épiscopaux dans l'ancienne Gaule, dit « que le catalogue de Nevers, qui est de bonne note, ne peut remonter aux origines, le diocèse de Nevers n'ayant été démembré de celui d'Auxerre que vers le commencement du VIᵉ siècle. »

Parmentier cite comme premier évêque de Nevers, *saint Eulalius ou Euladius.*

Mentionnons la légende de *saint Aré :* Quand cet évêque eut rendu son âme au Seigneur, sa dépouille mortelle fut placée dans une barque sans voile et sans pilote et, d'elle-même, la barque, conduite sans doute par des anges invisibles, ses hâleurs célestes, remonta la Loire jusqu'à Decize, où le bienheureux avait souhaité d'être inhumé.

Citons aussi *saint Eolade* qui assista au premier Concile de Lyon, en 576, *saint Arigle, saint Dié, saint Ithier, saint Nectaire, saint Jérôme, Hugues II, dit le Grand,* qui occupa le siège pendant cinquante-quatre ans, *Guillaume de Saint-Lazare,* le premier évêque élu par le chapitre seul, sans le concours du reste du clergé. Il fut le conseiller de Philippe-Auguste; ambassadeur à Rome; il assista à la bataille de Bouvines et se croisa contre les Albigeois; *Jean Germain,* chancelier de l'ordre

de la Toison d'or, conseiller et ambassadeur
de Philippe-le-Bon, né serf et mort serf;
il prit part au Concile de Bâle; c'est sous son
épiscopat qu'eut lieu, à Nevers, l'assemblée
des princes du sang et des seigneurs, en 1435;
Charles de Bourbon, duc de Nevers, beau-
frère de François de Clèves (plus tard archevêque de Rouen et *roi de la Ligue*).

Spifame. — L'histoire de cet homme est des
plus extraordinaires. Il fut tour à tour rec-
teur de l'Université de Paris, conseiller d'Etat,
chancelier de l'Université, ambassadeur de
François Ier à Rome, vicaire-général du cardinal de Lorraine, auprès duquel il assista au
Concile de Trente, évêque de Nevers; c'est en
cette qualité qu'il prit part aux Etats généraux en 1557. Mais, l'année suivante, il résigna
son évêché à son neveu, embrassa la réforme
de Calvin et s'enfuit avec une très belle fille,
dont il était devenu éperdûment amoureux.
Les protestants furent les premiers à le railler
d'avoir préféré cette femme à un évêché rap-
portant 40,000 livres de rentes. Dans la seconde
période de son existence : Il fut successivement ministre à Bourges, à Issoudun, chargé
d'une mission en Allemagne par le prince de
Condé. Il eut un grand succès d'orateur à la
diète de Francfort. Il fut admis à Genève dans
les conseils des 200 et des 60, puis, fut si misé-
rable, qu'il se fit meunier pour subsister. Son
rôle a fini par une catastrophe tragique, car
ayant conspiré pour livrer Genève aux catho-

liques, il fut arrêté, jugé et exécuté trois jours après son arrestation.

Arnauld Sorbin, prédicateur du roi Charles IX et son confesseur, ami d'Amyot. Combattit les calvinistes avec talent, fut l'âme de toutes les assemblées du clergé et prononça l'oraison funèbre de tous les personnages du temps, sans négliger celles des mignons d'Henri III. Il fut ligueur avec acharnement, mais, réconcilié avec Henri IV, il se trouva de l'ambassade que celui-ci envoya à Rome et fut choisi comme son prédicateur ordinaire.

Eustache du Lys, aumônier ordinaire d'Henri IV ; fut trente-sept ans évêque. Il avait été député du clergé de Nevers aux Etats généraux de Blois en 1588.

Estache de Chéry, qui fut député aux Etats généraux de 1614.

Edouard Valot, fils de cet Antoine Valot, premier médecin de Louis XIV, qu'on surnomma Gargantua, parce qu'il avait tué, disait-on, avec de l'émétique, M. Gargan, intendant des finances.

Fontaine des Montées, promu en 1719, célèbre par son immense fortune et sa charité.

Tinseau, promu en 1751 ;

Pierre de Séguyran, dont l'intelligence était à la hauteur des évènements de 1789. Il aurait été blessé à mort dans un duel qu'il aurait eu avec le comte de Langeron. C'est, du moins, ce qu'on raconta en Russie, lorsque celui-ci y prit du service.

Guillaume Thollé, qui fut évêque constitutionnel et président du Directoire du département. Napoléon voulait qu'il acceptât un évêché. Il préféra se retirer à Vandenesse comme curé de cette paroisse, dont il avait eu l'administration quand la Révolution éclata.

Millaux, promu évêque en 1822.

De Douhet d'Auzers, promu en 1829.

Dufêtre, promu en 1843.

Comme homme de guerre, nous ne pouvons citer que *Bourdillon*, qui fut loué par de Thou et Guy-Coquille. Il prit une part glorieuse aux guerres des règnes de François Ier, d'Henri II et de Charles IX. Il faut parler aussi d'un Nivernais qui, dans les commencements de la Révolution, remplit la ville et le pays de sa bruyante activité, *le comte de Langeron*. Sous-lieutenant à quinze ans, il avait pris part à la guerre d'Amérique. De retour dans son château de Langeron, près de Saint-Pierre-le-Moûtier, il avait été un des membres influents de l'Assemblée provinciale, puis, de l'Ordre de la Noblesse lors des élections aux Etats généraux. Devançant l'émigration, il prit du service en Russie. Il n'est guère de bataille où il n'ait paru du Niémen à la Seine. On sait quel rôle il joua à Austerlitz ; c'est lui qui, le 29 mars 1814, dirigea l'assaut de la butte Montmartre.

EXCURSIONS

Nous n'entraînerons pas le touriste dans tous les plis de la campagne de Nevers, qui ont en réserve tant de détails à surprendre. Notre préoccupation est de faire tenir le plus d'impressions possible et comme en bloc dans chaque excursion que nous lui proposons de faire, de telle façon qu'à l'occasion il en résulte, pour lui plus tard, un réveil d'images et de sensations agréables. Il est malaisé de saisir, en la parcourant, les traits naturels d'une ville, sous la grimace que les municipalités et les particuliers, avec leurs affectations de mauvais goût ou les fausses élégances de la mode, imposent souvent aux rues, mais l'aspect général de cette ville est plus difficilement gâté. C'est une constatation qu'on fera devant le panorama de la ville.

Première excursion.

On traverse le Pont. Si c'est un dimanche, vous rencontrerez les visages ronds, aux traits mignons, des jeunes filles du Nivernais, qui sont de bon œil et de bonne oreille, alertes et éveillées. La population n'est ici ni enthousiaste ni mélancolique. Volontiers, elle n'a pas le respect de la tradition ni la passion de la vie qu'on constate chez les méridionaux, mais elle a un goût vif pour le plaisir et la coquetterie constitue la poésie des nivernaises.

Par une des levées formidables, grâce auxquelles les ponts et chaussées prétendent mettre un frein à la fureur des inondations, on se dirige sur Sermoise. De cette levée vous avez la vue classique de, Nevers.

La ville s'assombrit ou s'égaie suivant les alternatives des rayons du soleil ou des ombres des nuages. Sur la route, l'air circule et règne en maître comme la lumière même ; c'est tantôt un vent salubre qui fouette et cingle, tantôt une brise qui enveloppe et caresse. Vous êtes au milieu de prairies enserrant de petits étangs aux eaux inertes que le fleuve a laissés à côté de lui, cachés sous les saules et sous les hautes herbes.

Vous arrivez au château de Sermoise, où le lundi de la Pentecôte, par une constante habitude, les habitants de Nevers se rendent à une fête villageoise qui tire son origine de leur vénération pour sainte Solange. A l'ombre des grands chênes, sur les pelouses où le muguet cache ses grelots d'argent, on danse et l'on s'ébat sans gêne.

Le château de Sermoise date de 1754. Là, habitait en 1789, le baron César de Choiseul, ancien ambassadeur de France à la cour de Turin, un des rares grands seigneurs qui n'émigra pas. Il eut deux filles de son mariage avec Mlle de Vannes. L'une, Charlotte Ferdinande se maria, le 28 octobre 1788, à Armand-Sigismond-Félicité-Marie comte de Sérent, député aux États-Généraux. Le comte de Sérent se réfugia en Angleterre et mourut à la journée de Quiberon. La belle Georgine-Ferdinande-Marie, fille du comte de Sérent, se maria au jeune prince de Léon, Auguste de Rohan, et mourut brûlée au moment où elle s'habillait pour se rendre à un bal que donnait le comte d'Appony, ambassadeur d'Autriche. Auguste de Rohan se fit prêtre. C'est un jour qu'il prêchait à Picpus, raconte Victor Hugo, qu'une religieuse reconnaissant le timbre de sa voix, par un ressouvenir subit des familiarités aimables d'un passé charmant, s'écria : « Tiens, c'est Auguste ».

Le château de Sermoise appartient aux héritiers de Béarn ; il leur provient de Marie-Nicolette, fille du duc de Choiseul Praslin et de Louise-Joséphine, appelée à la cour, la Belle Hippolyte, laquelle hérita de Mme de Sérent, sa tante.

Vous reviendrez par Plagny. De la route d'Antibes à Paris que suivit Arthur Yung, vous admirerez dans de gras pâturages, au milieu desquels se trouve le champ de Courses, de beaux spécimens du bétail nivernais. Vous passerez devant les restes de la Maladrerie de Saint-Antoine, fondée avant la première croisade, pour recevoir les voyageurs et les malades.

Deuxième excursion

Il s'agit de suivre le chemin longeant la Loire, au pied du coteau appelé les Montapins qui garnit les bords du fleuve jusqu'au confluent de la Loire et de l'Allier, au bec d'Allier, je souhaite que ce ne soit pas en temps d'inondation; quand, d'après le poète berrichon Rollinat,

> Il pleut et repleut à foison,
> La rivière coule massive,
> Roulant comme une eau de lessive
> Pardessus ses bords de gazon!

. . . .

Les Montapins sont couverts de maisons de plaisance très simples ou *loges*, de vignes et de jardins qui font à cette côte, en toute saison, un manteau diapré de l'effet le plus gai à l'œil. C'est là qu'Adam-Billault possédait une vigne dont il a chantée les mérites.

Le paysage, du côté de la Loire, se distingue par la pâleur de sa verdure provenant de ce que les arbres à feuillage tendre y abondent. peupliers et saules. Dans le calme d'un beau jour, les lettrés se souviendront des vers de Virgile :

> Rura mihi et rigui placeant in vallibus amnes;
> Flumina amem sylvas que inglorius.

Cette promenade, en effet, a un grand charme au printemps, par la brume légère d'un clair matin, ou dans l'éclat tiède du soir, en automne. Vous êtes à l'endroit préféré des aquarellistes et des pêcheurs à la ligne : les uns y trouvent de ces bagatelles à peindre sur des écrans, les autres s'alignent sur les bords du fleuve, muets et attentifs.

Si vous avez le courage de grimper, à travers les vignes, sur les Montapins, vous aurez une vue de l'ensemble de Nevers qui vous en apprendra plus long que tout ce que je pourrais vous dire sur la valeur de ce tableau. La ville se détache élégamment sous le ciel bleu avec son vert encadrement du Parc, à gauche, et la Loire, à droite.

Troisième excursion

On suit la rue de la Préfecture, on atteint de là la place Chaméane, on passe devant le grand séminaire, établi dans les bâtiments de l'ancien cloître des Ursulines, puis devant l'ancienne fonderie de canons, manutention et magasins militaires aujourd'hui, non loin du couvent des petites sœurs des pauvres que vous voyez à votre gauche, en face du Cimetière. Vous laissez ensuite, à gauche, l'usine de la Pique, appartenant à la société Commentry-Fourchambault. Vous traversez le joli village de Coulanges. Vous dominez toute la vallée de la Nièvre, ample et verte. Vous traversez le pont Saint-Ours, ancienne

aciérie, et prenant à droite la route de Guérigny, vous arrivez au château des Bordes.

Ce château, aujourd'hui sans parc, sans
jardins, sans vie, est abandonné à la pous-
sière et à l'humidité, bien qu'ayant de loin
l'apparence d'un bâtiment neuf et soigné.

Il fut la propriété d'Henri de la Grange dont
nous avons raconté l'histoire étrange. Sta-
nislas Leczinski, beau-père de Louis XV, y
habita.

Vous reviendrez par le chemin qui passe à
côté du château moderne de Luanges, appartenant à M. René de Lespinasse, président de
la société nivernaise des lettres, sciences et
arts.

De ce côté, la vue de Nevers, à cause des
arbres sombres du Cimetière et des usines
noires du premier plan, est triste mais pleine
de grandeur. La cathédrale, dessinée nette-
ment, domine la ville avec toute sa puissance
gothique.

———

Une excursion recommandée généralement
aux touristes, est une visite à Pougues-les-
Eaux : on part de Nevers par la route de
Paris et l'on revient par Fourchambault dont
les usines et la fonderie principale appartiennent à la société Fourchambault-Commentry.

A Vernuche et sur la côte qui domine Pougues, vous aurez un des plus beaux aspects

qu'il y ait du val de la Loire, des collines de Sancerre et du Berry. Pougues fut favorisé jadis de belles visites et aimé successivement d'Henri II, d'Henri III, d'Henri IV, de Louis XIII, de Marie de Gonzague, de Louis XIV, en compagnie de Mlle de Fontanges, qui devait mourir à Port-Royal « blessée au service du roi ».

Les eaux y attirèrent le cardinal de Retz, le duc de la Vallière, le duc de Mayenne, le prince de Conti, Mme de Longueville, Mme de Montespan, les princesses Adélaïde et Victoire de France, enfin Jean-Jacques Rousseau. Pougues n'a perdu aucun des charmes anciens qu'il tient de la nature.

ADIEU AU LECTEUR

Je n'ai pas voulu faire un tableau compliqué, mais la simple aquarelle d'une ville que je me suis efforcé de rendre vivante. J'aurai réussi à vous plaire, si je suis aidé par les circonstances, si Nevers s'est fait beau pour vous par un gai soleil, si vos yeux ont été satisfaits de l'aspect d'une chose rare, ou simplement curieuse, quelque *pot cassé*, suivant l'expression du pays et si vous partez avec le regret de ne pas être allé jusqu'au bout des objets à voir, et avec le désir de revenir.

Mesdames, si l'auteur sait que son petit livre, conservé dans un petit coin parfumé de sac de voyage, se trouve associé dans votre esprit à ce que j'ai pu vous apprendre, au sujet des belles princesses de Nevers ou à quelque amusement de curiosité sur lequel vous arrêterez parfois votre souvenir, toute l'ambition de votre guide sera satisfaite.

TABLE DES MATIÈRES

TABLE DES MATIÈRES *(Suite)*

GRAVURES

ERRATA

Pages 39 — Vous aurez aussitôt la vision du Chevalier du Cygne, fendant, revêtu de son armure éclatante, la blanche écume du fleuve, guidé...
— *Lisez :* ... vous aurez aussitôt la vision du Chevalier du Cygne, revêtu de son armure éclatante, fendant la blanche écume du fleuve et guidé...

— 44 et 45 — ... les Jacobins atteignant... — *Lisez :* ... les Jacobins atteignaient...

— 60 — ... qui fait... — *Lisez :* ... En fer, ce qui fait...

-- 60 — ... A ces armoiries... — *Lisez :* Aux armoiries.

— 78 — ... puis de préfecture, Nevers... — *Lisez :* puis de préfecture. Nevers.

— 92 et 93 — La solidarité des souverains et des traditions existe encore. — *Lisez :* La solidarité des souvenirs et des traditions existe encore.

— 94 — Comme les géographes, du temps... — *Lisez :* comme les géographes du temps,

— 116 — ... Petit-Enfert et de Signoret... — *Lisez :* Petit-Enfert et Signoret.

— 117 — ... Voyez ces faïences. — *Lisez :* voyez ses faïences.

-- 123 — ... Sa résidence Saint-Ouen... — *Lisez :* La résidence de Saint-Ouen.

— 137 — ... Gogre Laplanche... — *Lisez :* Goyre-La-planche.

— 143 — ... Rapine Dumezet... — *Lisez :* Rapine du Nozet.

— 146 — ... Charles de Bourbon, duc de Nevers, beau-frère de François de Clèves... — *Lisez :* Charles de Bourbon, beau-frère de François de Clèves, duc de Nevers.

A la table des matières : 3me excursion, Coulanges les Bordes. — *Lisez :* Coulanges et les Bordes.

www.ingramcontent.com/pod-product-compliance
Lightning Source LLC
Chambersburg PA
CBHW072037080426
42733CB00010B/1923